LE
FANATISME,
OU
MAHOMET
LE PROPHETE,

TRAGÉDIE
PAR
M. DE VOLTAIRE.

A AMSTERDAM,
Chez ESTIENNE LEDET & COMPAGNIE.
MDCCLIII.

A V I S

D E

L'EDITEUR.

J'Ai cru rendre service aux A-
mateurs des Belles-Lettres de
publier une Tragédie du *Fanatisme*, si défigurée en *France* par
deux Editions subreptices. Je sai très
certainement qu'elle fut composée par
l'Auteur en 1736 ; & que dès-lors il
en envoya une Copie au Prince Ro-
yal, depuis Roi de *Prusse*, qui culti-
voit les Lettres avec des succès surpre-
nans, & qui en fait encore son délas-
sement principal

J'étois à *Lille* en 1741, quand Mon-

fieur

fieur de Voltaire y vint paffer quelques jours ; il y avoit la meilleure Troupe d'Acteurs qui ait jamais été en Province. Elle repréfenta cet Ouvrage d'une maniére qui fatisfit beaucoup une très nombreufe affemblée ; le Gouverneur de la Province & l'Intendant y affiftérent plufieurs fois. On trouva que cette Piéce étoit d'un goût fi nouveau, & ce fujet fi délicat parut traité avec tant de fageffe, que plufieurs Prélats voulurent en voir une repréfentation par les mêmes Acteurs dans une Maifon particuliére. Ils en jugérent comme le Public.

L'Auteur fut encore affez heureux pour faire parvenir fon Manufcrit entre les mains d'un des premiers Hommes de l'*Europe* & de l'*Eglife*, qui foutient le poids des Affaires avec fermeté, & qui juge des Ouvrages d'efprit avec un goût très fûr dans un âge

où

où les hommes parviennent rarement, & où l'on conserve encore plus rarement son esprit & sa délicatesse. Il dit que la Piéce étoit écrite avec toute la circonspection convenable, & qu'on ne pouvoit éviter plus sagement les écueils du Sujet; mais que pour ce qui regardoit la poësie, il y avoit encore des choses à corriger. Je sai en effet que l'Auteur les a retouchées avec beaucoup de soin. Ce fut aussi le sentiment d'un Homme qui tient le même rang, & qui n'a pas moins de lumiéres.

Enfin, l'Ouvrage aprouvé d'ailleurs selon toutes les formes ordinaires, fut représenté à *Paris* le 9 d'Août 1742. Il y avoit une Loge entiére remplie des premiers Magistrats de cette Ville, des Ministres même y furent présens. Ils pensérent tous comme les hommes éclairés que j'ai déjà cités.

Il se trouva à cette premiére repré-sentation quelques personnes qui ne furent pas de ce sentiment unanime. Soit que, dans la rapidité de la repré-sentation, ils n'eussent pas suivi assez le fil de l'Ouvrage, soit qu'ils fussent peu accoutumés au Téatre, ils fu-rent blessés que *Mahomet* ordonnât un meurtre, & se servît de sa Religion pour encourager à l'assassinat un Jeu-ne-homme qu'il fait l'instrument de son crime. Ces personnes, frappées de cette atrocité, ne firent pas assez ré-flexion qu'elle est donnée dans la Pié-ce comme le plus horrible de tous les crimes, & que même il est morale-ment impossible qu'elle puisse être donnée autrement. En un mot, ils ne virent qu'un côté; ce qui est la maniè-re la plus ordinaire de se tromper. Ils avoient raison assurément d'être scan-dalisés, en ne considérant que ce côté

qui

qui les révoltoit. Un peu plus d'attention les auroit aisément ramenés. Mais, dans la premiére chaleur de leur zéle, ils dirent que la Piéce étoit un Ouvrage très dangereux, fait pour *former des Ravaillacs & des Jaques Cléments*.

On est bien surpris d'un tel jugement, & ces Messieurs l'ont desavoué sans doute. Ce seroit dire qu'*Hermione* enseigne à assassiner un Roi, qu'*Electre* aprend à tuer sa Mére, que *Cléopatre* & *Médée* montrent à tuer leurs Enfans ; ce seroit dire qu'*Harpagon* forme des Avares, le *Joueur* des Joueurs, *Tartufe* des Hypocrites. L'injustice même contre *Mahomet* seroit bien plus grande que contre toutes ces Piéces ; car le crime du faux Prophéte y est mis dans un jour beaucoup plus odieux, que ne l'est aucun des Vices & des Déréglemens que

tou-

toutes ces Piéces repréſentent. C'eſt préciſément contre les *Ravaillacs* & les *Jaques Cléments* que la Piécce eſt compoſée; ce qui a fait dire à un Homme de beaucoup d'eſprit, que ſi *Mahomet* avoit été écrit du tems de *Henri III.* & de *Henri IV.*, cet Ouvrage leur auroit ſauvé la vie. Eſt-il poſſible qu'on ait pu faire un tel reproche à l'Auteur de la HENRIADE ? Lui qui a élevé ſa voix ſi ſouvent dans ce Poëme & ailleurs, je ne dis pas ſeulement contre de tels attentats, mais contre toutes les maximes qui peuvent y conduire.

J'avoue que plus j'ai lu les Ouvrages de cet Ecrivain, plus je les ai trouvés caractériſés par l'amour du Bien public; il inſpire par-tout l'horreur contre les emportemens de la Rebellion, de la Perſécution & du Fanatiſme. Y a-t-il un bon Citoyen qui n'adopte

dopte toutes les maximes de la *Henriade*? Ce Poëme ne fait-il pas aimer la véritable vertu?

Mahomet me paroît écrit entiérement dans le même esprit, & je suis persuadé que ses plus grands ennemis en conviendront.

Il vit bientôt qu'il se formoit contre lui une Cabale dangereuse ; les plus ardens avoient parlé à des Hommes en place, qui ne pouvant voir la représentation de la Piéce devoient les en croire. L'illustre *Moliére*, la gloire de la *France*, s'étoit trouvé autrefois à peu près dans le même cas, lorsqu'on joua le *Tartufe* ; il eut recours directement à LOUIS *le Grand*, dont il étoit connu & aimé. L'autorité de ce Monarque dissipa bientôt les interprétations sinistres qu'on donnoit au *Tartufe*. Mais les tems sont différens ; la protection qu'on accorde à des Arts tout nouveaux, ne peut pas être toujours la même, après que ces Arts ont été longtems cultivés. D'ailleurs, tel Artiste n'est pas à portée d'obtenir ce qu'un autre a eu aisément. Il eût fallu des mouvemens, des discussions, un nouvel examen. L'Auteur jugea plus à propos de retirer sa Piéce lui-même, après la troisiéme représentation, attendant que le tems adoucît quelques Esprits prévenus; ce qui ne peut manquer d'arriver dans une Nation aussi spirituelle & aussi éclairée que la *Française*. On mit dans les Nouvelles publiques que la *Tragédie de Mahomet* avoit été défendue par le Gouvernement. Je puis assurer qu'il n'y a rien de plus faux. Non seulement il n'y a pas eu le moindre ordre donné à ce sujet; mais il s'en faut beaucoup que les premiéres Têtes de l'Etat, qui virent

la repréſentation, ayent varié un moment ſur la ſageſſe qui régne dans cet
Ouvrage.

Quelques perſonnes ayant tranſcrit
à la hâte pluſieurs Scénes aux repré-
ſentations, & ayant eu un ou deux
rôles des Acteurs, en ont fabriqué les
Editions qu'on a faites clandeſtine-
ment. Il eſt aiſé de voir à quel point
elles différent du véritable Ouvrage,
que je tiens de la main d'un homme
irreprochable, ainſi que les autres Piéces que je donne dans l'Edition préſente. La plus curieuſe, à mon gré,
eſt la Lettre que l'Auteur écrivit à Sa
Majeſté le Roi de *Pruſſe*, lorſqu'il
repaſſa par la Hollande, après être
allé rendre ſes reſpects à ce Monarque. C'eſt dans de telles Lettres, qui
ne ſont pas d'abord deſtinées à être
publiques, qu'on voit les véritables
ſentimens des hommes. Celle que j'ai

eue

AVIS DE L'EDITEUR.

eue encore d'un Ami de feu *Mr. de Sgravefande* eſt de ce genre. J'eſpére qu'elle fera aux véritables Philoſophes le même plaiſir qu'elle m'a fait.

A Amſterdam le 18. *de Novembre* 1742.

P. D. L. M.

A S A

A

SA MAJESTÉ

LE

ROI DE PRUSSE,

&c. &c. &c.

S I R E,

*Je ressemble à présent aux **Pélerins** de la **Méque**, qui tournent leurs yeux vers cette **Ville**, après l'avoir quitée: je tourne les miens*

miens vers votre Cour. Mon cœur, pénétré des bontés de VOTRE MAJESTE', ne connoît que la douleur de ne pouvoir vivre auprès d'Elle. Je prends la liberté de lui envoyer une nouvelle Copie de cette Tragédie de Mahomet, dont Elle a bien voulu, il y a déjà longtems, voir les premières esquisses. C'est un tribut que je paye à l'Amateur des Arts, au Juge éclairé, sur-tout au Philosophe, beaucoup plus qu'au Souverain.

VOTRE MAJESTE' sait quel esprit m'animoit en composant cet Ouvrage. L'Amour du Genre-Humain & l'Horreur du Fanatisme, deux Vertus qui sont faites pour être toujours auprès de votre Trône, ont conduit ma plume. J'ai toujours pensé que la Tragédie ne doit pas être un simple Spectacle, qui touche le cœur sans le corriger. Qu'importent au Genre-Humain les passions & les malheurs d'un Héros de l'Antiquité, s'ils ne servent pas à nous instruire ? On avoue que la Comédie du Tartufe, ce Chef-d'œuvre qu'aucune Nation n'a égalé, a fait beaucoup de bien aux hommes, en montrant l'hypocrisie dans toute sa laideur. Ne peut-on pas essayer d'attaquer dans une Tragédie,

cette

cette efpéce d'impofture qui met en œuvre à la fois l'hypocrifie des uns & la fureur des autres? Ne peut-on pas remonter jufqu'à ces anciens Scélérats, Fondateurs illuftres de la Superftition & du Fanatifme, qui les premiers ont pris le couteau fur l'Autel, pour faire des victimes de ceux qui refufoient d'être leurs Difciples?

Ceux qui diront que les tems de ces crimes font paffés, qu'on ne verra plus de Barco-chebas, de Mahomets, de Jeans de Leyde &c. que les flammes des Guerres de Religion font éteintes, font, ce me femble, trop d'honneur à la Nature Humaine. Le même Poifon fubfifte encore, quoique moins développé : cette Pêfte, qui femble étouffée, re-produit de tems en tems des germes capables d'infecter la Terre. N'a-t-on pas vu de nos jours les Prophétes des Cevennes tuer au nom de Dieu ceux de leur Secte qui n'étoient pas affez foumis?

L'action que j'ai peinte eft atroce, & je ne fai fi l'horreur a été plus loin fur aucun Téatre. C'eft un Jeune-homme né avec de la vertu, qui, féduit par fon fanatifme, affaffine un Vieillard qui l'aime, & qui,

dans

dans l'idée de servir Dieu, se rend coupable, sans le savoir, d'un parricide ; c'est un Imposteur qui ordonne ce meurtre, & qui promet à l'assassin un inceste pour récompense.

J'avoue que c'est mettre l'horreur sur le Téatre ; & VOTRE MAJESTE' est bien persuadée, qu'il ne faut pas que la Tragédie consiste uniquement dans une déclaration d'amour, une jalousie & un mariage.

Nos Historiens même nous aprennent des actions plus atroces que celle que j'ai inventée. Séide ne sait pas du moins que celui qu'il assassine est son pére ; & quand il a porté le coup, il éprouve un repentir aussi grand que son crime. Mais Mézéray rapporte, qu'à Melun un pére tua son fils de sa main pour sa Religion, & n'en eut aucun repentir.

On connoît l'avanture des deux frères Diaz, dont l'un étoit à Rome, & l'autre en Allemagne, dans les commencemens des troubles excités par Luther. Barthélémi Diaz, aprenant à Rome que son frère donnoit dans les opinions de Luther à Francfort,

part

part de Rome *dans le deſſein de l'aſſaſſiner,*
arrive & l'aſſaſſine. *J'ai lu dans Her-*
réra, Auteur Eſpagnol, que ce Barthélémi
Diaz risquoit beaucoup par cette action;
mais que rien n'ébranle un homme d'honneur quand la probité le conduit.

Herréra, dans une Religion toute ſainte
& toute ennemie de la cruauté, dans une
Religion qui enſeigne à ſouffrir & non à ſe
vanger, étoit donc perſuadé que la probité
peut conduire à l'aſſaſſinat & au parricide?
Et on ne s'élévera pas de tous côtés contre
ces maximes infernales?

Ce ſont ces maximes qui mirent le poi-
gnard à la main du Monſtre qui priva la
France *de Henri* le Grand: *voilà ce qui pla-*
ça le portrait de Jaques Clément *ſur l'Au-*
tel, & ſon nom parmi les Bienheureux;
c'eſt ce qui couta la vie à Guillaume Prince
d'Orange, *Fondateur de la Liberté & de la*
Grandeur des Hollandois. *D'abord* Salcéde
le bleſſa au front d'un coup de piſtolet: &
Strada raconte que Salcéde *(ce ſont ſes pro-*
pres mots) n'oſa entreprendre cette action,
qu'après avoir purifié ſon ame par la confeſ-
ſion aux pieds d'un Dominicain, *& l'avoir*

**

for-

fortifiée par le Pain Célefte. Herréra dit quelque chofe de plus infenfé & de plus a-troce.

Eftendo firme con el exemplo de nueftro Salvadore Jefu Chrifto y de fu Sanctos.

Balthazar Girard , qui ôta enfin la vie à ce Grand-Homme, en ufa de-même que Salcéde.

Je remarque que tous ceux qui ont commis de bonne foi de pareils crimes , étoient de jeunes gens comme Séide. *Balthazar Girard avoit environ vingt années. Quatre Efpagnols , qui avoient fait avec lui ferment de tuer le Prince , étoient de même âge. Le Monftre de* Henri III. *n'avoit que vingt-trois ans. Poltrot , qui affaffina le* Grand Duc de Guife, *en avoit vingt-cinq ; c'eft le tems de la féduction & de la fureur.*

J'ai été presque témoin en Angleterre *de ce que peut fur une imagination jeune & faible la force du* Fanatifme. *Un Enfant de feize ans, nommé* Shepherd, *fe chargea d'affaffiner le Roi* George I. *votre Ayeul maternel. Quelle étoit la caufe qui le por-*

toit

toit à cette frénéſie ? C'étoit uniquement que Shepherd n'étoit pas de la même Religion que le Roi. On eut pitié de ſa jeuneſſe, on lui offrit ſa grace, on le ſollicita longtems au repentir ; il perſiſta toujours à dire, qu'il valoit mieux obéir à Dieu qu'aux hommes ; & que s'il étoit libre, le premier uſage qu'il feroit de ſa liberté, ſeroit de tuer ſon Prince. Ainſi on fut obligé de l'envoyer au ſuplice, comme un Monſtre qu'on déſeſpéroit d'aprivoiſer.

J'oſe dire, que quiconque a un peu vécu avec les hommes, a pu voir quelquefois combien aiſément on eſt prét à ſacrifier la Nature à la Superſtition. Que de Péres ont déteſté & deshérité leurs enfans ! que de Fréres ont pourſuivi leurs Fréres par ce funeſte principe ! J'en ai vu des exemples dans plus d'une Famille.

Si la Superſtition ne ſe ſignale pas toujours par ces excès qui ſont comptés dans l'Hiſtoire des crimes, elle fait dans la Société tous les petits maux innombrables & journaliers qu'elle peut faire. Elle deſunit les Amis ; elle diviſe les Parens ; elle perſécute le Sage qui n'eſt qu'homme de bien,

*** 2   par

*par la main du Fou qui est entousiaste. Elle
ne donne pas toujours de la cigue à* Socrate,
mais elle bannit Descartes *d'une Ville qui
devoit être l'Azyle de la Liberté; elle donne
à* Jurieu, *qui faisoit le Prophète, assez de
crédit pour réduire à la pauvreté les Savans & le Philosophe* Bayle. *Elle bannit,
elle arrache à une florissante Jeunesse qui
court à ses leçons le Successeur du grand*
Leibnitz, *& il faut pour le rétablir que le
Ciel fasse naître un* Roi-Philosophe; *vrai
Miracle qu'il fait bien rarement. Envain
la Raison humaine se perfectionne par la
Philosophie, qui fait tant de progrès en* Europe; *envain, Vous sur-tout,* Grand Prince, *vous efforcez-vous de pratiquer &
d'inspirer cette Philosophie si humaine; on
voit dans ce même Siècle où la Raison élève
son Trône d'un côté, le plus absurde* Fanatisme *dresser encore ses Autels de l'autre.*

*On pourra me reprocher, que, donnant
trop à mon zéle, je fais commettre dans cette Piéce un crime à* Mahomet, *dont en effet il ne fut point coupable.*

Mr. *le Comte de* Boulainvilliers *écrivit,*

il

il y a quelques années, la Vie de ce Prophéte. Il essaya de le faire passer pour un
Grand-Homme, que la Providence avoit
choisi pour punir les Chrétiens, & pour
changer la face d'une partie du Monde.

Mr. Sale, qui nous a donné une excel-
lente Version de l'Alcoran en Anglais, veut
faire regarder Mahomet comme un Numa
& comme un Théfée. J'avoue qu'il faudroit
le respecter, si né Prince légitime, ou ap-
pellé au Gouvernement par le suffrage des
siens, il avoit donné des Loix paisibles comme
Numa, ou défendu ses Compatriotes, comme
on le dit de Théfée. Mais qu'un Marchand
de Chameaux excite une sédition dans sa Bour-
gade ; qu'associé à quelques malheuréux Cora-
cites, il leur persuade qu'il s'entretient avec
l'Ange Gabriel ; qu'il se vante d'avoir été ra-
vi au Ciel, & d'y avoir reçu une partie de ce
Livre inintelligible, qui fait frémir le Sens-
commun à chaque page ; que pour faire respecter ce Livre il porte dans sa Patrie le fer
& la flame ; qu'il égorge les péres, qu'il ra-
visse les filles ; qu'il donne aux vaincus le
choix de sa Religion ou de la mort ; c'est assurément ce que nul homme ne peut excuser,

** 3   à

à moins qu'il ne foit né Turc, & que la fu-
perftition n'étouffe en lui toute lumiére natu-
relle.

Je fai que Mahomet n'a pas tramé pré-
cifément l'efpéce de trabifon qui fait le fujet
de cette Tragédie. L'Hiftoire dit feulement
qu'il enleva la femme de Séide, l'un de fes
Difciples, & qu'il perfécuta Abufofian, que
je nomme Zopire; mais quiconque fait la
guerre à fon Pays, & ofe la faire au nom
de Dieu, n'eft-il pas capable de tout? Je
n'ai pas prétendu mettre feulement une action vraie fur la Scéne, mais des mœurs
vraies, faire penfer les hommes comme ils
penfent dans les circonftances où ils fe trou-
vent, & repréfenter enfin ce que la four-
berie peut inventer de plus atroce, & ce que
le Fanatisme peut exécuter de plus horrible.
Mahomet n'eft ici autre chofe que Tartufe
les armes à la main.

Je me croirai bien récompenfé de mon
travail, fi quelqu'une de ces Ames faibles,
toujours prétes à recevoir les impreffions
d'une fureur étrangére qui n'eft pas au
fond de leur cœur, peut s'affermir contre
ces funeftes féductions par la lecture de cet
Ou-

Ouvrage ; ſi après avoir eu en horreur la malheureuſe obéiſſance de Séide, elle ſe dit à elle-même, pourquoi obéirois-je en aveugle à des Aveugles qui me crient : Haïſſez, perſécutez, perdez celui qui eſt aſſez téméraire pour n'être pas de notre avis ſur des choſes même indifférentes que nous n'entendons pas ?

Que ne puis-je ſervir à déraciner de tels ſentimens chez les hommes ! L'Eſprit d'indulgence feroit des Frères, celui d'intolérance peut former des Monſtres.

C'eſt ainſi que penſe VOTRE MAJESTE'. *Ce ſeroit pour moi la plus grande des conſolations de vivre auprès de ce* Roi-Philoſophe. *Mon attachement eſt égal à mes regrets ; & ſi d'autres devoirs m'entraînent, ils n'effaceront jamais de mon cœur les ſentimens que je dois à ce Prince, qui penſe & qui parle en homme qui fuit cette fauſſe gravité ſous laquelle ſe cachent toujours la petiteſſe & l'ignorance, qui ſe communique avec liberté, parce qu'il ne craint point d'être pénétré ; qui veut toujours s'inſtruire, & qui peut inſtruire les plus éclairés.*

Je

LETTRE &c.

*Je ferai toute ma vie avec le plus pro-
fond respect & la plus vive reconnoissance,*

S I R E,

DE VOTRE MAJESTE'

Le très humble & très
obéissant Serviteur

A Rotterdam ce 20. de
Janvier 1742.

VOLTAIRE.

LE

LE
FANATISME,
OU
MAHOMET
LE PROPHETE,
TRAGÉDIE.

A

ACTEURS.

MAHOMET.

ZOPIRE, Scheich ou Schérif de la Méque.

OMAR, Lieutenant de Mahomet.

SE'IDE, ⎫
PALMIRE, ⎭ Efclaves de Mahomet.

PHANOR, Sénateur de la Méque.

TROUPE de Méquois.

TROUPE de Mufulmans.

La Scène eft à la Méque.

LE

LE
FANATISME,

OU

MAHOMET
LE PROPHETE,

TRAGÉDIE.

ACTE PREMIER.

SCENE PREMIERE.

ZOPIRE, PHANOR.

ZOPIRE.

Ui moi baisser les yeux devant ses faux
  prodiges ?

Moi de ce Fanatique encenser les pres-
  tiges ?

L'honorer dans la Méque après l'avoir banni ?

Non ! Que des justes Dieux Zopire soit puni,

Si tu vois cette main, jusqu'ici libre & pure,

Caresser la révolte & flater l'imposture !

PHA-

PHANOR.

Nous chériſſons en vous ce zéle paternel

Du Chef auguſte & ſaint du Sénat d'Iſmael ;

Mais ce zéle eſt funeſte, & tant de réſiſtance,

Sans laſſer Mahomet, irrite ſa vengeance.

Contre ſes attentats vous pouviez autrefois

Lever impunément le fer ſacré des Loix,

Et des embraſemens d'une guerre immortelle

Etouffer ſous vos pieds la premiére étincelle.

Mahomet citoyen ne parut à vos yeux

Qu'un Novateur obſcur, un vil Séditieux :

Aujourd'hui c'eſt un Prince ; il triomphe, il domine ;

Impoſteur à la Méque & Prophéte à Médine,

Il ſait faire adorer à trente Nations

Tous ces mêmes forfaits qu'ici nous déteſtons.

Que dis-je ? en ces murs même une troupe égarée,

Des poiſons de l'Erreur avec zéle enivrée,

De ſes miracles faux ſoutient l'illuſion,

Répand le fanatiſme & la ſédition ;

Appelle ſon Armée, & croit qu'un Dieu terrible

L'inſpire, le conduit, & le rend invincible.

Tous nos vrais Citoyens avec vous ſont unis.

Mais

Mais les meilleurs conseils sont-ils toujours suivis?

L'amour des nouveautés, le faux zéle, la crainte,

De la Méque allarmée ont désolé l'enceinte;

Et ce Peuple, en tout tems chargé de vos bienfaits,

Crie encor à son Pére & demande la paix.

Z O P I R E.

La paix avec ce Traître! Ah, Peuples sans courage,

N'en attendez jamais qu'un horrible esclavage:

Allez, portez en pompe & servez à genoux

L'Idole dont le poids va vous écraser tous!

Moi, je garde à ce Fourbe une haine éternelle;

De mon cœur ulcéré la playe est trop cruelle;

Lui-même a contre moi trop de ressentimens,

Le cruel fit périr ma femme & mes enfans;

Et moi jusqu'en son Camp j'ai porté le carnage;

La mort de son fils même honora mon courage;

Les flambeaux de la haine entre nous allumés

Jamais des mains du Tems ne seront consumés.

P H A N O R.

Ne les éteignez point; mais cachez-en la flame;

Immolez au Public les douleurs de votre ame.

Quand vous verrez ces lieux par ses mains ravagés,

Vos

Vos malheureux enfans feront-ils mieux vengés?

Vous avez tout perdu, fils, frére, époufe, fille;

Ne perdez point l'Etat , c'eft-là votre famille.

ZOPIRE.

On ne perd les Etats que par timidité.

PHANOR.

On périt quelquefois par trop de fermeté.

ZOPIRE.

Périffons, s'il le faut.

PHANOR.

Ah! quel trifte courage

Vous fait fi près du port expofer au naufrage?

Le Ciel, vous le voyez, a remis en vos mains

De quoi fléchir encor ce Tyran des humains.

Cette jeune Palmire en fes Camps élevée,

Dans vos derniers combats par vos mains enlevée,

Semble un Ange de Paix descendu parmi nous,

Qui peut de Mahomet appaifer le courroux.

Déjà par fes Hérauts il l'a redemandée.

ZOPIRE.

Tu veux qu'à ce Barbare elle foit accordée?

Tu veux que d'un fi cher & fi noble tréfor

Ses

Ses criminelles mains s'enrichiffent encor?

Quoi! lorfqu'il nous apporte & la fraude & la guerre,

Lorfque fon bras enchaîne & ravage la Terre,

Les plus tendres appas brigueront fa faveur,

Et la beauté fera le prix de la fureur?

Ce n'eft pas qu'à mon âge, aux bornes de ma vie,

Je porte à Mahomet une honteufe envie;

Ce cœur trifte & flétri, que les ans ont glacé,

Ne peut fentir les feux d'un defir infenfé.

Mais foit qu'en tous les tems un objet né pour plaire

Arrache de nos vœux l'hommage involontaire;

Soit que privé d'enfans je cherche à diffiper

Cette nuit de douleurs qui vient m'envelopper;

Je ne fai quel panchant pour cette Infortunée

Remplit le vuide affreux de mon ame étonnée.

Soit faibleffe ou raifon, je ne puis fans horreur

La voir aux mains d'un Monftre artifan de l'erreur.

Je voudrois qu'à mes vœux heureufement docile,

Elle-même en fecret pût chérir cet azile;

Je voudrois que fon cœur, fenfible à mes bienfaits,

Déteftât Mahomet autant que je le hais.

Elle veut me parler fous ces facrés Portiques,

Non loin de cet Autel de nos Dieux domeſtiques;
Elle vient, & ſon front, ſiége de la candeur,
Annonce en rougiſſant les vertus de ſon cœur.

SCENE II.

ZOPIRE, PALMIRE.

ZOPIRE.

JEune & charmant Objet, dont le ſort de la guerre
Propice à ma vieilleſſe honora cette Terre,
Vous n'êtes point tombée en de barbares mains;
Tout reſpecte avec moi vos malheureux deſtins,
Votre âge, vos beautés, votre aimable innocence.
Parlez, & s'il me reſte encor quelque puiſſance,
De vos juſtes deſirs ſi je remplis les vœux,
Ces derniers de mes jours feront des jours heureux.

PALMIRE.

Seigneur, depuis deux mois ſous vos loix priſonniére,
Je dus à mes deſtins pardonner ma miſére :
Vos généreuſes mains s'empreſſent d'effacer,
Les larmes que le Ciel me condamne à verſer.
Par vous, par vos bienfaits à parler enhardie,

C'eſt

C'eft de vous que j'attends le bonheur de ma vie,

Aux vœux de Mahomet j'ofe ajoûter les miens.

Il vous a demandé de brifer mes liens.

Puiffiez-vous l'écouter, & puiffai-je lui dire,

Qu'après le Ciel & lui je dois tout à Zopire!

Z O P I R E.

Ainfi, de Mahomet vous regrettez les fers,

Ce tumulte des Camps, ces horreurs des Déferts,

Cette Patrie errante au trouble abandonnée ?

P A L M I R E.

La Patrie eft aux lieux où l'ame eft enchaînée.

Mahomet a formé mes premiers fentimens,

Et fes femmes en paix guidoient mes faibles ans.

Leur demeure eft un Temple où fes femmes facrées

Lévent au Ciel des mains de leur Maître adorées.

Le jour de mon malheur, hélas! fut le feul jour

Où le fort des Combats a troublé leur féjour.

Seigneur, ayez pitié d'une ame déchirée,

Toujours préfente aux lieux dont je fuis féparée.

Z O P I R E.

J'entends: vous efpérez partager quelque jour

De ce Maître orgueilleux & la main & l'amour.

PALMIRE.

Seigneur, je le revére, & mon ame tremblante
Croit voir dans Mahomet un Dieu qui m'épouvante.
Non, d'un si grand hymen mon cœur n'est point flaté;
Tant d'éclat convient mal à tant d'obscurité.

ZOPIRE.

Ah! qui que vous soyez, il n'est point né peut-être
Pour être votre Epoux, encor moins votre Maître,
Et vous semblez d'un sang fait pour donner des loix
A l'Arabe insolent qui marche égal aux Rois.

PALMIRE.

Nous ne connoissons point l'orgueil de la naissance,
Sans parens, sans patrie, esclaves dès l'enfance,
Dans notre égalité nous chérissons nos fers;
Tout nous est étranger, hors le Dieu que je sers.

ZOPIRE.

Tout vous est étranger! cet état peut-il plaire?
Quoi! vous servez un Maître, & n'avez point de Pére?
Dans mon triste Palais, seul & privé d'enfans,
J'aurois pu voir en vous l'appui de mes vieux ans.
Le soin de vous former des destins plus propices
Eût adouci des miens les longues injustices.

Mais

Mais non, vous abhorrez ma Patrie & ma Loi.

PALMIRE.

Comment puis-je être à vous ? je ne fuis point à moi.

Vous aurez mes regrets, votre bonté m'eft chére;

Mais enfin Mahomet m'a tenu lieu de Pére.

ZOPIRE.

Quel Pére! juftes Dieux! lui? ce Monftre impofteur?

PALMIRE.

Ah! quels noms inouïs lui donnez-vous, Seigneur?

Lui, dans qui tant d'Etats adorent leur Prophéte;

Lui, l'Envoyé du Ciel, & fon feul Interpréte.

ZOPIRE.

Etrange aveuglement des malheureux mortels!

Tout m'abandonne ici pour dreffer des Autels

A ce Coupable heureux qu'épargna ma juftice,

Et qui courut au Trône échappé du fuplice.

PALMIRE.

Vous me faites frémir, Seigneur, & de mes jours

Je n'avois entendu ces horribles difcours.

Mon panchant, je l'avoue, & ma reconnoiffance

Vous donnoient fur mon cœur une jufte puiffance;

Vos

Vos blasphêmes affreux contre mon Protecteur,

A ce panchant ſi doux font ſuccéder l'horreur.

Z O P I R E.

O Superſtition ! les rigueurs inflexibles

Privent d'humanité les cœurs les plus ſenſibles.

Que je vous plains, Palmire, & que ſur vos erreurs

Ma pitié, malgré moi, me fait verſer de pleurs !

P A L M I R E.

Et vous me refuſez !

Z O P I R E.

Oui.　Je ne puis vous rendre

Au Tyran qui trompa ce cœur flexible & tendre.

Oui, je crois voir en vous un bien trop précieux,

Qui me rend Mahomet encor plus odieux.

S C E N E III.

ZOPIRE, PALMIRE, PHANOR.

Z O P I R E.

QUe voulez-vous, Phanor ?

P H A N O R.

Aux portes de la Ville,

D'où

D'où l'on voit de Moab la Campagne fertile,

Omar eſt arrivé.

Z O P I R E.

Qui? ce farouche Omar?

Que l'erreur aujourd'hui conduit après ſon Char,

Qui combattit longtems le Tyran qu'il adore,

Qui vengea ſon Pays?

P H A N O R.

Peut-être il l'aime encore.

Moins terrible à nos yeux, cet inſolent Guerrier,

Portant entre ſes mains le glaive & l'olivier,

De la Paix à nos Chefs a préſenté le gage.

On lui parle, il demande, il reçoit un Otage.

Séide eſt avec lui.

P A L M I R E.

Grands Dieux, deſtin plus doux!

Quoi! Séide?

P H A N O R.

Omar vient, il s'avance vers vous.

Z O P I R E.

Il le faut écouter. Allez, jeune Palmire.

Palmire ſort.

Omar

Omar devant mes yeux! qu'ofera-t-il me dire?

O Dieux de mon Pays, qui depuis trois mille ans

Protégiez d'Ifmael les généreux enfans;

Soleil, facrés Flambeaux, qui dans votre carriére,

Images de ces Dieux, nous prêtez leur lumiére,

Voyez & foutenez la jufte fermeté

Que j'oppofai toujours contre l'iniquité.

SCENE IV.

ZOPIRE, OMAR, PHANOR, Suite.

ZOPIRE.

EH bien, après fix ans tu revois ta Patrie,

   Que ton bras défendit, que ton cœur a trahie.

Ces murs font encor pleins de tes premiers exploits.

Déferteur de nos Dieux, déferteur de nos Loix,

Perfécuteur nouveau de cette Cité fainte,

D'où vient que ton audace en profane l'enceinte?

Miniftre d'un Brigand qu'on dut exterminer,

Parle; que me veux-tu?

OMAR.

Je veux te pardonner.

Le

Le Prophéte d'un Dieu, par pitié pour ton âge,

Pour tes malheurs paffés, fur-tout pour ton courage,

Te préfente une main qui pouvoit t'écrafer,

Et j'apporte la Paix qu'il daigne propofer.

ZOPIRE.

Un vil Séditieux prétend avec audace

Nous accorder la paix, & non demander grace!

Souffrirez-vous, grands Dieux! qu'au gré de fes
forfaits

Mahomet nous raviffe ou nous rende la paix?

Et vous, qui vous chargez des volontés d'un Traître,

Ne rougiffez-vous point de fervir un tel Maître?

Ne l'avez-vous pas vu, fans honneur & fans biens,

Ramper au dernier rang des derniers Citoyens?

Qu'alors il étoit loin de tant de renommée!

OMAR.

A tes viles grandeurs ton ame accoutumée

Juge ainfi du mérite, & péfe les humains

Au poids que la Fortune avoit mis dans tes mains.

Ne fais-tu pas encore, homme faible & fuperbe,

Que l'Infecte infenfible, enféveli fous l'herbe,

Et

Et l'Aigle impérieux, qui plane au haut du Ciel,

Rentrent dans le néant aux yeux de l'Eternel?

Les mortels font égaux; ce n'eft point la naiffance,

C'eft la feule vertu qui fait leur différence.

Il eft de ces Efprits favorifés des Cieux,

Qui font tout par eux-mêmes, & rien par leurs Aieux.

Tel eft l'homme en un mot que j'ai choifi pour
    Maître.

Lui feul dans l'Univers à mérité de l'être.

Tout mortel à fa Loi doit un jour obéir,

Et j'ai donné l'exemple aux Siécles à venir.

ZOPIRE.

Je te connois, Omar; envain ta politique

Vient m'étaler ici ce tableau fanatique;

Envain tu peux ailleurs éblouïr les efprits,

Ce que ton Peuple adore excite mes mépris.

Bannis toute impofture, & d'un coup d'œil plus fage

Regarde ce Prophéte à qui tu rends hommage.

Voi l'homme en Mahomet; conçoi par quel degré

Tu fais monter aux Cieux ton Fantôme adoré.

Entoufiafte ou fourbe, il faut ceffer de l'être;

Sers-toi de ta raifon, juge avec moi ton Maître.

Tu

Tu verras de Chameaux un groffier Conducteur,

Chez fa première époufe infolent impofteur,

Qui, fous le vain appas d'un fonge ridicule

Des plus vils des humains tente la foi crédule.

Comme un Séditieux à mes pieds amené,

Par quarante Vieillards à l'exil condamné;

Trop leger châtiment qui l'enhardit au crime,

De caverne en caverne il fuit avec Fatime.

Ses Difciples errans de Cités en Déferts,

Profcrits, perfécutés, bannis, chargés de fers,

Proménent leur fureur qu'ils appellent divine,

De leurs venins bientôt ils infectent Médine.

Toi-même alors, toi-même, écoutant la Raifon,

Tu voulus dans fa fource arrêter le poifon;

Je te vis plus heureux, & plus jufte & plus brave,

Attaquer le Tyran dont je te vois l'Efclave.

S'il eft un vrai Prophéte, ofas-tu le punir?

S'il eft un Impofteur, ofes-tu le fervir?

O M A R.

Je voulus le punir, quand mon peu de lumiére

Méconnut ce Grand-Homme entré dans la carriére.

Mais enfin quand j'ai vu que Mahomet eft né

B   Pour

Pour changer l'Univers à ſes pieds conſterné;

Quand mes yeux éclairés du feu de ſon génie

Le virent s'élever dans ſa courſe infinie,

Eloquent, intrépide, admirable en tout lieu,

Agir, parler, punir ou pardonner en Dieu,

J'aſſociai ma vie à ſes travaux immenſes;

Des Trônes, des Autels, en ſont les récompenſes.

Je fus, je te l'avoue, aveugle comme toi,

Ouvre les yeux, Zopire, & change ainſi que moi.

Et ſans plus me vanter les fureurs de ton zéle,

Ta perſécution, ſi vaine & ſi cruelle,

Nos fréres gémiſſans, notre Dieu blaſphémé,

Tombe aux pieds d'un Héros par toi-même opprimé.

Vien baiſer cette main qui porte le tonnerre.

Tu me vois après lui le premier de la Terre.

Le poſte qui te reſte eſt encor aſſez beau,

Pour fléchir noblement ſous ce Maître nouveau.

Voi ce que nous étions, & voi ce que nous ſommes.

Le Peuple aveugle & faible eſt né pour les Grands-

　　　Hommes,

Pour admirer, pour croire, & pour nous obéir.

Vien régner avec nous, ſi tu crains de ſervir;

Partage

Partage nos grandeurs au - lieu de t'y fouftraire;

Et las de l'imiter, fais trembler le Vulgaire.

Z O P I R E.

Ce n'eft qu'à Mahomet, à fes pareils, à toi,

Que je prétens, Omar, infpirer quelque effroi.

Tu veux que du Sénat le Schérif infidelle

Encenfe un Impofteur, & couronne un Rebelle!

Je ne te nierai point que ce fier Séducteur

N'ait beaucoup de prudence, & beaucoup de valeur.

Je connois, comme toi, les talens de ton Maître,

S'il étoit vertueux, c'eft un Héros peut - être.

Mais ce Héros, Omar, eft un traître, un cruel,

Et de tous les Tyrans c'eft le plus criminel.

Ceffe de m'annoncer fa trompeufe clémence,

Le grand art qu'il pofféde eft l'art de la vengeance.

Dans le cours de la guerre un funefte deftin

Le priva de fon fils, que fit périr ma main.

Mon bras perça le fils, ma voix bannit le pére;

Ma haine eft inflexible ainfi que fa colére;

Pour rentrer dans la Méque il doit m'exterminer,

Et le jufte aux méchans ne doit point pardonner.

B 2   OMAR.

OMAR.

Eh bien, pour te montrer que Mahomet pardonne,
Pour te faire embraſſer l'exemple qu'il te donne,
Partage avec lui-même, & donne à tes Tribus
Les dépouilles des Rois que nous avons vaincus.
Mets un prix à la Paix, mets un prix à Palmire;
Nos tréſors ſont à toi.

ZOPIRE.

Tu penſes me ſéduire?
Me vendre ici ma honte, & marchander la paix
Par ſes tréſors honteux, le prix de ſes forfaits?
Tu veux que ſous ſes loix Palmire ſe remette?
Elle a trop de vertu pour être ſa Sujette;
Et je veux l'arracher aux Tyrans impoſteurs,
Qui renverſent les Loix & corrompent les mœurs.

OMAR.

Tu me parles toujours comme un Juge implacable,
Qui ſur ſon tribunal intimide un coupable.
Penſe & parle en Miniſtre, agi, traite avec moi,
Comme avec l'Envoyé d'un Grand-Homme & d'un
Roi

ZOPIRE.

Qui l'a fait Roi ? qui l'a couronné ?

O M A R.

La Victoire.

Ménage sa puissance, & respecte sa gloire.

Aux noms de Conquérant & de Triomphateur

Il veut joindre le nom de Pacificateur.

Son Armée est encor aux bords du Saïbare,

Des murs où je suis né le siége se prépare ;

Sauvons, si tu m'en crois, le sang qui va couler,

Mahomet veut ici te voir & te parler.

Z O P I R E.

Lui ? Mahomet ?

O M A R.

Lui-même, il t'en conjure.

Z O P I R E.

Traître !

Si de ces lieux sacrés j'étois l'unique Maître,

C'est en te punissant que j'aurois répondu.

O M A R.

Zopire, j'ai pitié de ta fausse vertu.

Mais

Mais puifqu'un vil Sénat infolemment partage

De ton Gouvernement le fragile avantage;

Puifqu'il régne avec toi, je cours m'y préfenter.

ZOPIRE.

Je t'y fuis: nous verrons qui l'on doit écouter.

Je défendrai mes Loix, mes Dieux & ma Patrie.

Viens-y contre ma voix prêter ta voix impie

Au Dieu perfécuté, effroi du Genre-Humain,

Qu'un Fourbe ofe annoncer les armes à la main.

A Phanor.

Toi, vien m'aider, Phanor, à repouffer un Traître;

Le fouffrir parmi nous & l'épargner, c'eft l'être.

Renverfons fes deffeins, confondons fon orgueil,

Préparons fon fuplice, ou creufons mon cercueil.

De lui feul ennemi, pour lui feul implacable,

L'amour de la vertu me rend inexorable.

Fin du premier Acte.

ACTE

ACTE SECOND.

SCENE I.

SE'IDE, PALMIRE.

PALMIRE.

Dans ma prison cruelle est-ce un Dieu qui
        te guide?
Mes maux sont-ils finis? je te revois, Séide!

SE'IDE.

O charme de ma vie, & de tous mes malheurs,
Palmire, unique objet, qui m'as couté des pleurs,
Depuis ce jour de sang, qu'un Ennemi barbare,
Près des Camps du Prophéte, aux bords du Saïbare,
Vint arracher sa proye à mes bras tout sanglans,
Qu'étendu loin de toi sur des corps expirans,
Mes cris mal entendus sur cette infame rive
Invoquérent la mort sourde à ma voix plaintive!
O ma chére Palmire, en quel gouffre d'horreur

Tes

Tes périls & ma perte ont abîmé mon cœur!

Que mes feux, que ma crainte & mon impatience

Accufoient la lenteur des jours de la vengeance!

Que je hâtois l'affaut fi longtems différé,

Cette heure de carnage, où de fang enivré

Je devois de mes mains bruler la Ville impie,

Où Palmire a pleuré fa liberté ravie!

Enfin, de Mahomet les fublimes deffeins,

Que n'ofe aprofondir l'humble efprit des Humains,

Ont fait entrer Omar en ce lieu d'efclavage;

Je l'aprens & j'y vole.   On demande un ôtage;

J'entre, je me préfente, on accepte ma foi;

Et je me rends captif, ou je meurs avec toi.

PALMIRE.

Séide, au moment même, avant que ta préfence

Vînt de mon défefpoir calmer la violence,

Je me jettois aux pieds de mon fier Raviffeur.

Vous voyez, ai-je dit, les fecrets de mon cœur.

Ma vie eft dans les Camps dont vous m'avez tirée;

Rendez-moi le feul bien dont je fu:s féparée.

Mes pleurs, en lui parlant, ont arrofé fes pieds;

Ses refus ont faifi mes efprits effrayés.

J'ai

J'ai fenti dans mes yeux la lumiére obfcurcie;

Mon cœur fans mouvement, fans chaleur & fans vie,

D'aucune ombre d'efpoir n'étoit plus fecouru;

Tout finiffoit pour moi quand Séide a paru.

S E' I D E.

Quel eft donc ce mortel infenfible à tes larmes?

P A L M I R E.

C'eft Zopire; il fembloit touché de mes allarmes;

Mais le cruel enfin vient de me déclarer,

Que des lieux où je fuis rien ne peut me tirer.

S E' I D E.

Le barbare fe trompe; & Mahomet mon Maître,

Et l'invincible Omar, & ton Amant peut-être,

(Car j'ofe me nommer après ces noms fameux,

Pardonne à ton Amant cet efpoir orgueilleux)

Nous briferons ta chaîne & tarirons tes larmes.

Le Dieu de Mahomet protecteur de nos armes,

Le Dieu dont j'ai porté les facrés Etendarts,

Le Dieu qui de Médine a détruit les remparts,

Renverfera la Méque à nos pieds abattue.

Omar eft dans la Ville, & le Peuple à fa vue

N'a point fait éclater ce trouble & cette horreur,

Qu'ins-

Qu'infpire aux ennemis un Ennemi vainqueur.

Au nom de Mahomet un grand deſſein l'améne.

PALMIRE.

Mahomet nous chérit, il briferoit ma chaîne;

Il uniroit nos cœurs; nos cœurs lui ſont offerts;

Mais il eſt loin de nous, & nous ſommes aux fers.

SCENE II.

PALMIRE, SE'IDE, OMAR.

OMAR.

VOs fers feront brifés, foyez pleins d'efpérance;
Le Ciel vous favorife, & Mahomet s'avance.

SE'IDE.

Lui?

PALMIRE.

Notre augufte Pére!

OMAR.

Au Confeil aſſemblé

L'Efprit de Mahomet par ma bouche a parlé.

„ Ce Favori du Dieu qui préfide aux Batailles,

„ Ce Grand-Homme, ai-je dit, eſt né dans vos
murailles.

„ Il

„ Il s'eſt rendu des Rois le Maître & le Soutien,

„ Et vous lui refuſez le rang de Citoyen!

„ Vient-il vous enchaîner, vous perdre, vous dé-
      truire?

„ Il vient vous protéger, mais ſurtout vous inſtruire.

„ Il vient dans vos cœurs même établir ſon pou-
      voir ".

Plus d'un Juge à ma voix a paru s'émouvoir;

Les eſprits s'ébranloient; l'inflexible Zopire,

Qui craint de la Raiſon l'inévitable empire,

Veut convoquer le Peuple & s'en faire un appui.

On l'aſſemble, j'y cours, & j'arrive avec lui.

Je parle aux Citoyens, j'intimide, j'exhorte,

J'obtiens qu'à Mahomet on ouvre enfin la porte.

Après quinze ans d'exil, il revoit ſes foyers;

Il entre accompagné des plus braves Guerriers,

D'Ali, d'Ammon, d'Hercide & de ſa noble élite;

Il entre, & ſur ſes pas chacun ſe précipite.

Chacun porte un regard comme un cœur différent,

L'un croit voir un Héros, l'autre voir un Tyran.

Celui-ci le blaſphême, & le menace encore;

Cet autre eſt à ſes pieds, les embraſſe, & l'adore.

Nous

Nous faifons retentir à ce Peuple agité

Les noms facrés de Dieu, de Paix, de Liberté;

De Zopire éperdu la Cabale impuiffante

Vomit envain les feux de fa rage expirante.

Au milieu de leurs cris, le front calme & ferain,

Mahomet marche en Maître & l'Olive à la main;

La Tréve eft publiée, & le voici lui-même.

SCENE III.

MAHOMET, OMAR, ALI, HERCIDE, SE'IDE, PALMIRE, Suite.

MAHOMET.

INvincibles foutiens de mon Pouvoir fuprême,

Noble & fublime Ali, Morad, Hercide, Ammon,

Retournez vers ce Peuple, inftruifez-le en mon nom.

Promettez, menacez, que la Vérité régne;

Qu'on adore mon Dieu, mais furtout qu'on le craigne.

Vous, Séide, en ces lieux !

SE'IDE.

O mon Pére, o mon Roi,

Le

Le Dieu qui vous infpire a marché devant moi!

Prêt à mourir pour vous, prêt à tout entreprendre,

J'ai prévenu votre ordre.

MAHOMET.

Il eût falu l'attendre.

Qui fait plus qu'il ne doit, ne fait point me fervir.

J'obéis à mon Dieu; vous, fachez m'obéir.

PALMIRE.

Ah! Seigneur, pardonnez à fon impatience.

Elevés près de vous dans notre tendre enfance,

Les mêmes fentimens nous animent tous deux;

Hélas! mes triftes jours font affez malheureux.

Loin de vous, loin de lui, j'ai langui prifonniére,

Mes yeux de pleurs noyés s'ouvroient à la lumiére;

Empoifonneriez vous l'inftant de mon bonheur?

MAHOMET.

Palmire, c'eft affez; je lis dans votre cœur,

Que rien ne vous allarme & rien ne vous étonne.

Allez; malgré les foins de l'Autel & du Trône,

Mes yeux fur vos deftins feront toujours ouverts;

Je veillerai fur vous comme fur l'Univers.

A Sii-

A Séide.

Vous , fuivez mes Guerriers ; & vous, jeune Palmire,
En fervant votre Dieu ne craignez que Zopire.

* * *

SCENE IV.

MAHOMET, OMAR.

MAHOMET.

TOi, refte, brave Omar ; il eft tems que mon cœur
De fes derniers replis t'ouvre la profondeur.
D'un fiége encor douteux la lenteur ordinaire
Peut retarder ma courfe & borner ma carriére ;
Ne donnons point le tems aux mortels détrompés
De raffurer leurs yeux de tant d'éclat frappés.
Les Préjugés, Ami, font les Rois du Vulgaire.
Tu connois quel Oracle, & quel Bruit populaire
Ont promis l'Univers à l'Envoyé d'un Dieu,
Qui, reçu dans la Méque & vainqueur en tout lieu,
Entreroit dans ces Murs en écartant la guerre ;
Je viens mettre à profit les erreurs de la Terre.
Mais tandis que les miens par de nouveaux efforts
De ce Peuple inconftant font mouvoir les refforts,

De

De quel œil revois-tu Palmire avec Séide?

O M A R.

Parmi tous ces Enfans enlevés par Hercide,

Qui, formés fous ton Joug & nourris dans ta Loi,

N'ont de Dieu que le tien, n'ont de Pére que toi;

Aucun ne te fervit avec moins de fcrupule,

N'eut un cœur plus docile, un efprit plus crédule;

De tous tes Mufulmans ce font les plus foumis.

M A H O M E T.

Cher Omar, je n'ai point de plus grands ennemis.

Ils s'aiment; c'eft affez.

O M A R.

Blâmes-tu leurs tendreffes?

M A H O M E T.

Ah! connois mes fureurs, & toutes mes faibleffes.

O M A R.

Comment?

M A H O M E T.

Tu fais affez quel fentiment vainqueur

Parmi mes paffions régne au fond de mon cœur.

Chargé du foin du Monde, environné d'allarmes,

Je porte l'Encenfoir & le Sceptre & les Armes;

Ma

Ma vie eſt un combat, & ma frugalité
Aſſervit la nature à mon auſtérité.

J'ai banni loin de moi cette liqueur traîtreſſe,
Qui nourrit des humains la brutale molleſſe;
Dans des Sables brulans, ſur des Rochers déſerts,
Je ſupporte avec toi l'inclémence des airs.
L'amour ſeul me conſole; il eſt ma récompenſe,
L'objet de mes travaux, l'Idole que j'encenſe,
Le Dieu de Mahomet; & cette paſſion
Eſt égale aux fureurs de mon ambition.
Je préfére en ſecret Palmire à mes Epouſes.
Conçois-tu bien l'excès de mes fureurs jalouſes,
Quand Palmire à mes pieds, par un aveu fatal,
Inſulte à Mahomet, & lui donne un rival?

O M A R.

Et tu n'es pas vengé?

M A H O M E T.

Juge ſi je dois l'être.
Pour le mieux déteſter aprens à le connaître.
De mes deux ennemis aprens tous les forfaits:
Tous deux ſont nés ici du Tyran que je hais.

O M A R.

OMAR.

Quoi ! Zopire eſt leur Pére ?

MAHOMET.

Hercide en ma puiſſance
Remit depuis quinze ans leur malheureuſe enfance.
J'ai nourri dans mon ſein ces Serpens dangereux ;
Déjà ſans ſe connoître ils m'outragent tous deux.
J'attiſai de mes mains leurs feux illégitimes.
Le Ciel voulut ici raſſembler tous les crimes ;
Je veux … leur Pére vient, ſes yeux lancent vers nous
Les regards de la haine & les traits du courroux.
Obſerve tout, Omar, & qu'avec ſon eſcorte
Le vigilant Hercide aſſiége cette porte.
Revien me rendre compte, & voir s'il faut hâter,
Ou retenir les coups que je dois lui porter.

SCENE V.

ZOPIRE, MAHOMET.

ZOPIRE.

AH quel fardeau cruel à ma douleur profonde !
Moi, recevoir ici cet Ennemi du Monde !

MAHOMET.

Aproche, & puisqu'enfin le Ciel veut nous unir,
Voi Mahomet fans crainte, & parle fans rougir.

ZOPIRE.

Je rougis pour toi feul, pour toi dont l'artifice
A traîné ta Patrie au bord du précipice,
Pour toi de qui la main féme ici les forfaits,
Et fait naître la Guerre au milieu de la Paix.
Ton nom feul parmi nous divife les familles,
Les époux, les parens, les méres & les filles;
Et la Tréve pour toi n'eft qu'un moyen nouveau
Pour venir dans nos cœurs enfoncer le couteau.
La difcorde civile eft par-tout fur ta trace;
Affemblage inouï de menfonge & d'audace,
Tyran de ton Païs, eft-ce ainfi qu'en ce lieu
Tu viens donner la Paix, & m'annoncer un Dieu?

MAHOMET.

Si j'avois à répondre à d'autres qu'à Zopire,
Je ne ferois parler que le Dieu qui m'infpire.
Le Glaive & l'Alcoran dans mes fanglantes mains,
Impoferoient filence au refte des humains.
Ma voix feroit fur eux les effets du tonnerre,

Et

Et je verrois leurs fronts attachés à la terre.

Mais je te parle en homme; & fans rien déguifer,

Je me fens affez grand pour ne pas t'abufer.

Voi quel eft Mahomet; nous fommes feuls, écoute,

Je fuis ambitieux, tout homme l'eft fans doute;

Mais jamais Roi, Pontife, ou Chef, ou Citoyen,

Ne conçut un Projet auffi grand que le mien.

Chaque Peuple à fon tour a brillé fur la Terre

Par les Loix, par les Arts, & fur-tout par la Guerre:

Le tems de l'Arabie eft à la fin venu.

Ce Peuple généreux, trop long-tems inconnu,

Laiffoit dans fes Déferts enfévelir la gloire;

Voici les jours nouveaux marqués pour la victoire.

Voi du Nord au Midi l'Univers défolé,

La Perfe encor fanglante, & fon Trône ébranlé,

L'Inde efclave & timide, & l'Egypte abaiffée,

Des Murs de Conftantin la fplendeur éclipfée;

Voi l'Empire Romain tombant de toutes parts,

Ce grand Corps déchiré, dont les membres épars

Languiffent difperfés fans honneur & fans vie;

Sur ces débris du Monde élevons l'Arabie.

Il faut un nouveau Culte, il faut de nouveaux fers;

Il faut un nouveau Dieu pour l'aveugle Univers.

En Egypte Oziris, Zoroaftre en Afie,

Chez les Crétois Minos, Numa dans l'Italie,

A des Peuples fans mœurs, & fans culte & fans Rois,

Donnérent aifément d'infuffifantes Loix.

Je viens après mille ans changer ces Loix groffiéres.

J'apporte un joug plus noble aux Nations entiéres.

J'abolis les faux Dieux, & mon Culte épuré

De ma grandeur naiffante eft le premier degré.

Ne me reproche point de tromper ma Patrie,

Je détruis fa faibleffe & fon idolatrie.

Sous un Roi, fous un Dieu, je viens la réunir;

Et pour la rendre illuftre il la faut affervir.

Z O P I R E.

Voilà donc tes deffeins ! c'eft donc toi dont l'audace

De la Terre à ton gré prétend changer la face !

Tu veux, en apportant le carnage & l'effroi,

Commander aux humains de penfer comme toi;

Tu ravages le Monde, & tu prétens l'inftruire?

Ah ! fi par des erreurs il s'eft laiffé féduire,

Si la nuit du Menfonge a pu nous égarer,

Par quels flambeaux affreux veux-tu nous éclairer?

Quel

Quel droit as-tu reçu d'enseigner, de prédire,
De porter l'Encensoir & d'affecter l'Empire?

M A H O M E T.

Le droit qu'un esprit vaste, & ferme en ses desseins,
A sur l'esprit grossier des vulgaires humains.

Z O P I R E.

Eh quoi! tout Factieux, qui pense avec courage,
Doit donner aux mortels un nouvel esclavage?
Il a droit de tromper, s'il trompe avec grandeur?

M A H O M E T.

Oui. Je connois ton Peuple, il a besoin d'erreur;
Ou véritable ou faux, mon Culte est nécessaire.
Que t'ont produit tes Dieux? Quel bien t'ont-ils
            pu faire?
Quels lauriers vois-tu croître au pied de leurs Autels?
Ta Secte obscure & basse avilit les mortels,
Enerve le courage & rend l'homme stupide;
La mienne éléve l'ame & la rend intrépide.
Ma Loi fait des Héros.

Z O P I R E.

                    Dis plutôt des Brigands.

Porte

Porte ailleurs tes leçons, l'Ecole des Tyrans.

Va vanter l'impofture à Médine où tu régnes,

Où tes Maîtres féduits marchent fous tes Enfeignes,

Où tu vois tes égaux à tes pieds abatus.

MAHOMET.

Des égaux! de long-tems Mahomet n'en a plus.

Je fais trembler la Méque, & je régne à Médine;

Croi-moi, reçoi la Paix, fi tu crains ta ruïne.

ZOPIRE.

La Paix eft dans ta bouche, & ton cœur en eft loin;

Penfes-tu me tromper?

MAHOMET.

Je n'en ai pas befoin.

C'eft le faible qui trompe, & le puiffant commande,

Demain j'ordonnerai ce que je te demande;

Demain je peux te voir à mon joug affervi;

Aujourd'hui Mahomet veut être ton ami.

ZOPIRE.

Nous amis! nous! cruel! ah quel nouveau preftige!

Connois-tu quelque Dieu qui faffe un tel prodige?

MAHO-

M A H O M E T.

J'en connois un puiffant & toujours écouté,
Qui te parle avec moi.

Z O P I R E.

Qui?

M A H O M E T.

La néceffité,

Ton intérêt,

Z O P I R E.

Avant qu'un tel nœud nous raffemble,
Les Enfers & les Cieux feront unis enfemble.
L'intérêt eft ton Dieu, le mien eft l'Equité;
Entre ces ennemis il n'eft point de Traité.
Quel feroit le ciment, répons-moi, fi tu l'ofes,
De l'horrible amitié qu'ici tu me propofes?
Répons, eft-ce ton fils que mon bras te ravit?
Eft-ce le fang des miens que ta main répandit?

M A H O M E T.

Oui. Ce font tes fils même. Oui, connois un myftére,
Dont feul dans l'Univers je fuis dépofitaire:
Tu pleures tes enfans, ils refpirent tous deux.

C 4   Z O.

ZOPIRE.

Ils vivroient! qu'as-tu dit? ô Ciel! ô jour heureux!
Ils vivroient! c'eft de toi qu'il faut que je l'apprenne!

MAHOMET.

Elevés dans mon Camp tous deux font dans ma
chaîne.

ZOPIRE.

Mes enfans dans tes fers! ils pourroient te fervir!

MAHOMET.

Mes bienfaifantes mains ont daigné les nourrir.

ZOPIRE.

Quoi! tu n'as point fur eux étendu ta colére?

MAHOMET.

Je ne les punis point des fautes de leur Pére.

ZOPIRE.

Achéve, éclairci-moi, parle, quel eft leur fort?

MAHOMET.

Je tiens entre mes mains & leur vie & leur mort;
Tu n'as qu'à dire un mot, & je t'en fais l'arbitre.

ZOPIRE.

Moi, je puis les fauver! à quel prix? à quel titre?
Faut-il donner mon fang? faut-il porter leurs fers?

MAHOMET.

Non. Mais il faut m'aider à dompter l'Univers.
Il faut rendre la Méque, abandonner ton Temple,
De la crédulité donner à tous l'exemple:
Annoncer l'Alcoran aux Peuples effrayés,
Me fervir en Prophéte, & tomber à mes pieds:
Je te rendrai ton fils, & je ferai ton gendre.

ZOPIRE.

Mahomet, je fuis Pére, & je porte un cœur tendre.
Après quinze ans d'ennuis retrouver mes enfans,
Les revoir, & mourir dans leurs embraffemens,
C'eft le premier des biens pour mon ame attendrie.
Mais s'il faut à ton Culte affervir ma Patrie,
Ou de ma propre main les immoler tous deux;
Connoi-moi, Mahomet, mon choix n'eft pas dou-
        teux.
Adieu.

MAHOMET *feul.*

Fier Citoyen, Vieillard inexorable,
Je ferai plus que toi, cruel impitoyable!

❀•(❀)•❀•(❀)•❀•(❀)•❀•(❀)•❀•(❀)•❀

SCENE VI.

MAHOMET, OMAR.

OMAR.

MAhomet, il faut l'être, ou nous fommes perdus:
Les fecrets des Tyrans me font déjà vendus.
Demain la Tréve expire, & demain l'on t'arrête;
Demain Zopire eft Maître, & fait tomber ta tête.
La moitié du Sénat vient de te condamner,
N'ofant pas te combattre on t'ofe affaffiner.
Ce meurtre d'un Héros, ils le nomment fuplice;
Et ce complot obfcur, ils l'appellent juftice.

MAHOMET.

Ils fentiront la mienne. Ils verront ma fureur.
La perfécution fit toujours ma grandeur.
Zopire périra.

OMAR.

OMAR.

Cette tête funeste,

En tombant à tes pieds, fera fléchir le reste.

Mais ne perds point de tems.

MAHOMET.

Mais, malgré mon courroux,

Je dois cacher la main qui va lancer les coups,

Et détourner de moi les soupçons du vulgaire.

OMAR.

Il est trop méprisable.

MAHOMET.

Il faut pourtant lui plaire.

Et j'ai besoin d'un bras, qui par ma voix conduit,

Soit seul chargé du meurtre, & m'en laisse le fruit.

OMAR.

Pour un tel attentat je répons de Séide.

MAHOMET.

De lui?

OMAR.

C'est l'instrument d'un pareil homicide.

Otage de Zopire, il peut seul aujourd'hui

L'abor-

L'aborder en fecret, & te vanger de lui.

Tes autres Favoris zélés avec prudence,

Pour s'expofer à tout ont trop d'expérience;

Ils font tous dans cet âge où la maturité

Fait tomber le bandeau de la crédulité.

Il faut un cœur plus fimple, aveugle avec courage,

Un efprit amoureux de fon propre efclavage.

La jeuneffe eft le tems de ces illufions,

Séide eft tout en proye aux fuperftitions;

C'eft un Lion docile à la voix qui le guide.

M A H O M E T.

Le frére de Palmire?

O M A R.

Oui, lui-même. Oui, Séide,

De ton fier ennemi le fils audacieux,

De fon Maître offenfé rival inceftueux.

M A H O M E T.

Je détefte Séide, & fon nom feul m'offenfe.

La cendre de mon fils me crie encor vengeance.

Mais tu connois l'objet de mon fatal amour;

Tu connois dans quel fang elle a puifé le jour.

Tu vois que dans ces lieux environnés d'abîmes,

Je

Je viens chercher un Trône, un Autel, des Victimes;

Qu'il faut d'un Peuple fier enchanter les esprits;

Qu'il faut perdre Zopire & perdre encor son fils.

Allons, consultons bien mon intérêt, ma haine,

L'amour, l'indigne amour, qui malgré moi m'en-
    traîne,

Et la Religion à qui tout est soumis,

Et la nécessité par qui tout est permis.

Fin du second Acte.

ACTE TROISIE'ME.

SCENE I.

SE'IDE, PALMIRE.

PALMIRE.

Emeure. Quel eſt donc ce ſecret Sacrifice ?
Quel ſang a demandé l'éternelle Juſtice ?
Ne m'abandonne pas.

SE'IDE.

Dieu daigne m'apeller.
Mon bras doit le ſervir, mon cœur va lui parler.
Omar veut à l'inſtant par un ſerment terrible
M'attacher de plus près à ce Maître invincible.
Je vais jurer à Dieu de mourir pour ſa Loi,
Et mes ſeconds ſermens ne ſeront que pour toi.

PALMIRE.

D'où vient qu'à ce ſerment je ne ſuis point préſente ?

Si

Si je t'accompagnois, j'aurois moins d'épouvante.

Omar, ce même Omar, loin de me confoler,

Parle de trahifon, de fang prêt à couler,

Des fureurs du Sénat, des complots de Zopire.

Les feux font allumés, bientôt la Tréve expire.

Le fer cruel eft prêt, on s'arme, on va frapper,

Le Pontife l'a dit, il ne peut nous tromper.

Je crains tout de Zopire, & je crains pour Séide.

S E' I D E.

Croirai-je que Zopire ait un cœur fi perfide!

Ce matin comme ôtage à fes yeux préfenté,

J'admirois fa noblefle & fon humanité.

Je fentois qu'en fecret une force inconnue,

Enlevoit jufqu'à lui mon ame prévenue.

Soit refpect pour fon nom, foit qu'un dehors heureux

Me cachât de fon cœur les replis dangereux;

Soit que dans ces momens où je t'ai rencontrée,

Mon ame toute entiére à fon bonheur livrée,

Oubliant fes douleurs, & chaffant tout effroi,

Ne connût, n'entendît, ne vît plus rien que toi;

Je me trouvois heureux d'être auprès de Zopire.

Je le hais d'autant plus, qu'il m'avoit fu féduire;

Mais,

Mais, malgré le courroux dont je dois m'animer,
Qu'il est dur de haïr ceux qu'on vouloit aimer!

PALMIRE.

Ah! que le Ciel en tout a joint nos destinées!
Qu'il a pris soin d'unir nos ames enchaînées!
Hélas! sans mon amour, sans ce tendre lien,
Sans cet instinct charmant qui joint mon cœur au
　　　　tien,
Sans la Religion que Mahomet m'inspire,
J'aurois eu des remords en accusant Zopire.

SÉIDE.

Laissons ces vains remords, & nous abandonnons
A la voix de ce Dieu qu'à l'envi nous servons.
Je sors. Il faut prêter ce serment redoutable,
Le Dieu qui m'entendra nous sera favorable;
Et le Pontife Roi, qui veille sur nos jours,
Bénira de ses mains de si chastes amours.
Adieu. Pour être à toi, je vais tout entreprendre.

SCENE II.

PALMIRE.

D'Un noir preffentiment je ne puis me défendre.
Cet amour dont l'idée avoit fait mon bonheur,
Ce jour tant fouhaité me femble un jour d'horreur.
Quel eft donc ce ferment qu'on attend de Séide?
Tout m'eft fufpect ici; Zopire m'intimide.
J'invoque Mahomet, & cependant mon cœur
Eprouve à fon nom même une fecrette horreur.
Dans les profonds refpects que ce Héros m'infpire,
Je fens que je le crains prefqu'autant que Zopire.
Délivre-moi, grand Dieu, de ce trouble où je fuis.
Craintive je te fers, aveugle je te fuis.
Hélas! daigne effuyer les pleurs où je me noye.

SCENE III.

MAHOMET, PALMIRE.

PALMIRE.

C'Eft vous qu'à mon fecours un Dieu propice
envoye,

D

Sei-

Seigneur. Sauvez Séide.

MAHOMET.

Eh quel eſt cet effroi?

Et que craint-on pour lui, quand on eſt près de moi?

PALMIRE.

O Ciel! vous redoublez la douleur qui m'agite.

Quel prodige inouï! votre ame eſt interdite,

Mahomet eſt troublé pour la premiére fois.

MAHOMET.

Je devrois l'être au moins du trouble où je vous vois.

Eſt-ce ainſi qu'à mes yeux votre ſimple innocence

Oſe avouer un feu, qui peut-être m'offenſe?

Votre cœur a-t-il pu, ſans être épouvanté,

Avoir un ſentiment que je n'ai pas dicté?

Ce cœur que j'ai formé n'eſt-il plus qu'un rebelle,

Ingrat à mes bienfaits, à mes loix infidelle?

PALMIRE.

Que dites-vous, ſurpriſe & tremblante à vos pieds,

Je baiſſe en frémiſſant mes regards effrayés.

Eh quoi! n'avez-vous pas daigné dans ce lieu même

Vous rendre à nos ſouhaits, & conſentir qu'il m'aime?

Ces

Ces nœuds, ces chastes nœuds, que Dieu formoit
 en nous,

Sont un lien de plus qui nous attache à vous.

MAHOMET.

Redoutez des liens formés par l'imprudence.

Le crime quelquefois fuit de près l'innocence.

Le cœur peut fe tromper, l'amour & fes douceurs

Pourront couter, Palmire, & du fang & des pleurs.

PALMIRE.

N'en doutez pas, mon fang couleroit pour Séide.

MAHOMET.

Vous l'aimez à ce point?

PALMIRE.

     Depuis le jour qu'Hercide

Nous foumit l'un & l'autre à votre joug facré,

Cet inſtinct tout-puiſſant de nous même ignoré

Devançant la raifon, croiſſant avec notre âge,

Du Ciel, qui conduit tout, fut le fecret ouvrage.

Nos panchans, dites-vous, ne viennent que de lui,

Dieu ne fauroit changer; pourroit-il aujourd'hui

Reprouver un amour que lui-même il fit naître?

Ce qui fut innocent peut-il ceſſer de l'être?
Pourrai-je être coupable?

MAHOMET.

Oui. Vous devez trembler.
Attendez les ſecrets que je dois révéler;
Attendez que ma voix veuille enfin vous aprendre
Ce qu'on peut aprouver, ce qu'on doit ſe défendre.
Ne croyez que moi ſeul.

PALMIRE.

Eh qui croire que vous?
Eſclave de vos loix, ſoumiſe à vos genoux,
Mon cœur d'un ſaint reſpect ne perd point l'habitude.

MAHOMET.

Trop de reſpect ſouvent méne à l'ingratitude.

PALMIRE.

Non, ſi de vos bienfaits je perds le ſouvenir,
Que Séide à vos yeux s'empreſſe à m'en punir!

MAHOMET.

Séide!

PALMIRE.

Ah! quel courroux arme votre œil ſévére?

MA.

M A H O M E T.

Allez, raſſurez-vous, je n'ai point de colére.
C'eſt éprouver aſſez vos ſentimens ſecrets;
Repoſez-vous ſur moi de vos vrais intérêts.
Je ſuis digne du moins de votre confiance;
Vos deſtins dépendront de votre obéiſſance.
Si j'eus ſoin de vos jours, ſi vous m'appartenez,
Méritez des bienfaits qui vous ſont deſtinés.
Quoi que la voix du Ciel ordonne de Séide,
Affermiſſez ſes pas où ſon devoir le guide:
Qu'il garde ſes ſermens, qu'il ſoit digne de vous.

P A L M I R E.

N'en doutez point, mon Pére, il les remplira tous.
Je réponds de ſon cœur, ainſi que de moi-même;
Séide vous adore encor plus qu'il ne m'aime.
Il voit en vous ſon Roi, ſon Pére, ſon Appui.
J'en atteſte à vos pieds l'amour que j'ai pour lui.
Je cours à vous ſervir encourager ſon ame.

SCENE IV.

MAHOMET *feul.*

Uoi ! je fuis malgré moi confident de fa flame ?
Quoi ! fa naïveté , confondant ma fureur,
Enfonce innocemment le poignard dans mon cœur ?
Pére, enfans, deftinés au malheur de ma vie,
Race toujours funefte , & toujours ennemie,
Vous allez éprouver dans cet horrible jour
Ce que peut à la fois ma haine & mon amour.

SCENE V.

MAHOMET, OMAR.

OMAR.

ENfin, voici le tems & de ravir Palmire,
Et d'envahir la Méque, & de punir Zopire.
Sa mort feule à tes pieds mettra nos Citoyens ;
Tout eft defefpéré fi tu ne le préviens.
Le feul Séide ici te peut fervir fans doute ;

Il voit fouvent Zopire, il lui parle, il l'écoute.

Tu vois cette retraite, & cet obfcur détour,

Qui peut de ton Palais conduire à fon féjour.

Là, cette nuit Zopire à fes Dieux fantaftiques

Offre un encens frivole, & des vœux chimériques.

Là, Séide, enivré du zéle de ta Loi,

Va l'immoler au Dieu qui lui parle par toi.

M A H O M E T.

Qu'il l'immole; il le faut; il eft né pour le crime.

Qu'il en foit l'inftrument, qu'il en foit la victime.

Ma vangeance, mes feux, ma Loi, ma fureté,

L'irrévocable arrêt de la fatalité;

Tout le veut. Mais crois-tu que fon jeune courage,

Nourri du Fanatifme, en ait toute la rage?

O M A R.

Lui feul étoit formé pour remplir ton deffein.

Palmire à te fervir excite encor fa main.

L'amour, le Fanatifme, aveuglent fa jeuneffe;

Il fera furieux à force de faibleffe.

M A H O M E T.

Par les nœuds des fermens as-tu lié fon cœur?

OMAR.

OMAR.

Du plus faint appareil la ténébreufe horreur,

Les Autels, les fermens, tout enchaîne Séide.

J'ai mis un fer facré dans fa main parricide,

Et la Religion le remplit de fureur,

Il vient,

SCENE VI.

MAHOMET, OMAR, SE'IDE.

MAHOMET.

ENfant d'un Dieu qui parle à votre cœur,
Ecoutez par ma voix fa volonté fuprême;

Il faut vanger fon Culte, il faut vanger Dieu même.

SE'IDE.

Roi, Pontife & Prophéte à qui je fuis voué,

Maître des Nations par le Ciel avoué,

Vous avez fur mon être une entiére puiffance;

Eclairez feulement ma docile ignorance,

Un mortel vanger Dieu !

M A H O M E T.

      C'eſt par·vos faibles mains
Qu'il veut épouvanter les profanes humains.

S E' I D E.

Ah! ſans doute ce Dieu, dont vous êtes l'image,
Va d'un combat illuſtre honorer mon courage.

M A H O M E T.

Faites ce qu'il ordonne, il n'eſt point d'autre honneur.

De ſes Decrets divins aveugle Exécuteur,
Adorez, & frappez; vos mains feront armées
Par l'Ange de la Mort & le Dieu des Armées.

S E' I D E.

Parlez: quels ennemis vous faut-il immoler?
Quel Tyran faut-il perdre, & quel ſang doit couler?

M A H O M E T.

Le ſang du Meurtrier que Mahomet abhorre:
Qui nous perſécuta, qui nous pourſuit encore:
Qui combattit mon Dieu, qui maſſacra mon fils:
Le ſang du plus cruel de tous nos ennemis:
De Zopire.

SE'IDE.

De lui! quoi mon bras?

MAHOMET.

Téméraire!

On devient facrilége alors qu'on délibére.

Loin de moi les mortels affez audacieux

Pour juger par eux-mêmes, & pour voir par leurs
     yeux.

Quiconque ofe penfer n'eft pas né pour me croire:

Obéir en filence eft votre feule gloire.

Savez-vous qui je fuis? Savez-vous en quels lieux

Ma voix vous a chargé des volontés des Cieux?

Si, malgré fes erreurs & fon idolâtrie,

Des Peuples d'Orient la Méque eft la Patrie;

Si ce Temple du Monde eft promis à ma Loi;

Si Dieu m'en a créé le Pontife & le Roi;

Si la Méque eft facrée, en favez-vous la caufe?

Ibrahim y nâquit, & fa cendre y repofe (*);

Ibrahim, dont le bras docile à l'Eternel

Traîna fon fils unique aux marches de l'Autel,

Etouf-

(*) Les Mufulmans croient avoir à la Méque le tombeau
d'Abraham.

Etouffant pour fon Dieu les cris de la Nature.

Et quand ce Dieu par vous veut vanger fon injure,

Quand je demande un fang à lui feul adreffé,

Quand Dieu vous a choifi, vous avez balancé!

Allez vil Idolâtre, & né pour toujours l'être,

Indigne Mufulman, chercher un autre Maître.

Le prix étoit tout prêt, Palmire étoit à vous;

Mais vous bravez Palmire & le Ciel en courroux.

Lâche & faible inftrument des vangeances fuprêmes,

Les traits que vous portez vont tomber fur vous-
      mêmes;

Fuyez, fervez, rampez fous mes fiers ennemis.

S E' I D E.

Je crois entendre Dieu; tu parles, j'obéis.

M A H O M E T.

Obéiffez, frappez: teint du fang d'un impie,

Méritez par fa mort une éternelle vie.

A Omar.

Ne l'abandonne pas; &, non loin de ces lieux,

Sur tous fes mouvemens ouvre toujours les yeux.

SCENE VII.

SE'IDE *feul.*

IMmoler un Vieillard, de qui je fuis l'ôtage,
Sans armes, fans défenfe, appefanti par l'âge!
N'importe; une Victime amenée à l'Autel,
Y tombe fans défenfe, & fon fang plaît au Ciel.
Enfin, Dieu m'a choifi pour ce grand facrifice;
J'en ai fait le ferment, il faut qu'il s'accompliffe.
Venez à mon fecours, ô Vous, de qui les bras
Aux Tyrans de la Terre ont donné le trépas.
Ajoûtez vos fureurs à mon zéle intrépide,
Affermiffez ma main faintement homicide.
Ange de Mahomet, Ange exterminateur,
Mets ta férocité dans le fond de mon cœur.
Ah! que vois-je?

SCENE VIII.

ZOPIRE, SÉIDE.

ZOPIRE.

A mes yeux tu te troubles, Séide!
Voi d'un œil plus content le deffein qui me guide;
Otage infortuné que le fort m'a remis,
Je te vois à regret parmi mes ennemis.
La Tréve a fufpendu le moment du carnage,
Ce torrent retenu peut s'ouvrir un paffage.
Je ne t'en dis pas plus; mais mon cœur, malgré moi,
A frémi des dangers affemblés près de toi.
Cher Séide, en un mot, dans cette horreur publique,
Souffre que ma maifon foit ton azyle unique.
Je réponds de tes jours, ils me font précieux;
Ne me refufe pas.

SÉIDE.

O mon devoir! ô Cieux!
Ah! Zopire, eft-ce vous qui n'avez d'autre envie
Que de me protéger, de veiller fur ma vie?

Prêt

Prêt à verfer fon fang, qu'ai-je ouï! qu'ai-je vu!

Pardonne, Mahomet, tout mon cœur s'eft ému.

ZOPIRE.

De ma pitié pour toi tu t'étonnes peut-être;

Mais enfin je fuis homme, & c'eft affez de l'être

Pour aimer à donner fes foins compatiffans,

A des cœurs malheureux que l'on croit innocens.

Exterminez, grands Dieux, de la Terre où nous
    fommes

Quiconque avec plaifir répand le fang des hommes!

SE'IDE.

Que ce langage eft cher à mon cœur combattu!

L'ennemi de mon Dieu connoit donc la vertu!

ZOPIRE.

Tu la connois bien peu, puisque tu t'en étonnes.

Mon fils, à quelle erreur hélas tu t'abandonnes!

Ton efprit fafciné par les Loix d'un Tyran,

Penfe que tout eft crime hors d'être Mufulman.

Cruellement docile aux leçons de ton Maître,

Tu m'avois en horreur avant de me connaître;

Avec un joug de fer, un affreux préjugé

Tien ton cœur innocent dans le piége engagé.

Je

Je pardonne aux erreurs où Mahomet t'entraîne.

Mais peux-tu croire un Dieu qui commande la haine?

S E' I D E.

Ah! je fens qu'à ce Dieu je vais defobéir;

Non, Seigneur, non, mon cœur ne fauroit vous haïr.

Z O P I R E.

Hélas! plus je lui parle & plus il m'intéreffe,

Son âge, fa candeur, ont furpris ma tendreffe.

Se peut-il qu'un Soldat de ce Monftre impofteur

Ait trouvé, malgré lui, le chemin de mon cœur !

Quel es-tu? de quel fang les Dieux t'ont-ils fait
naître ?

S E' I D E.

Je n'ai point de parens, Seigneur, je n'ai qu'un
Maître,

Que jufqu'à ce moment j'avois toujours fervi,

Mais qu'en vous écoutant ma faibleffe a trahi.

Z O P I R E.

Quoi! tu ne connois point de qui tu tiens la vie?

S E' I D E.

Son Camp fut mon berceau, fon Temple eft ma
patrie.

Je

Je n'en connois point d'autre ; & parmi ces enfans,
Qu'en tribut à mon Maître on offre tous les ans,
Nul n'a plus que Séide éprouvé fa clémence.

ZOPIRE.

Je ne puis le blâmer de fa reconnoiffance.
Oui, les bienfaits, Séide, ont des droits fur un cœur.
Ciel! pourquoi Mahomet fut-il fon bienfaiteur?
Il t'a fervi de Pére, auffi-bien qu'à Palmire;
D'où vient que tu frémis, & que ton cœur foupire?
Tu détournes de moi ton regard égaré,
De quelque grand remords tu fembles déchiré.

SE'IDE.

Eh qui n'en auroit pas dans ce jour effroyable?

ZOPIRE.

Si tes remords font vrais, ton cœur n'eft plus
coupable.
Vien, le fang va couler, je veux fauver le tien.

SE'IDE.

Jufte Ciel! & c'eft moi qui répandrois le fien!
O fermens! O Palmire! O vous Dieu des vangeances

ZO.

ZOPIRE.

Remes-toi dans mes mains, tremble, fi tu balances ;
Pour la derniére fois, vien, ton fort en dépend.

***

SCENE IX.

ZOPIRE, SEÏDE, OMAR, Suite.

OMAR *entrant avec précipitation.*

Traître, que faites-vous ? Mahomet vous attend.

SEÏDE.

Où fuis-je ? ô Ciel ! où fuis-je, & que dois-je réfoudre ?
D'un & d'autre côté je vois tomber la foudre.
Où courir ? où porter un trouble fi cruel ?
Où fuir ?

OMAR.

Aux pieds du Roi qu'a choifi l'Eternel.

SEÏDE.

Oui, j'y cours abjurer un ferment que j'abhorre.

SCENE X.

ZOPIRE, PHANOR.

ZOPIRE.

AH! Séide, où vas-tu? mais il me fuit encore.
Il fort defefpéré, frappé d'un fombre effroi;
Et mon cœur qui le fuit s'échappe loin de moi.
Ses remords, ma pitié, fon afpect, fon abfence,
A mes fens déchirés font trop de violence;
Suivons fes pas.

SCENE XI.

ZOPIRE, PHANOR.

PHANOR.

LIfez ce Billet important,
Qu'un Arabe en fecret m'a donné dans l'inftant.

ZOPIRE.

Hercide! qu'ai-je lu? Grands Dieux! votre clémence
Répare-t-elle enfin foixante ans de fouffrance?

Her-

Hercide veut me voir! lui dont le bras cruel

Arracha mes enfans à ce fein paternel.

Ils vivent! Mahomet les tient fous fa puiffance,

Et Séide & Palmire ignorent leur naiffance!

Mes enfans! tendre efpoir, que je n'ofe écouter;

Je fuis trop malheureux, je crains de me flater.

Preffentimens confus, faut-il que je vous croie?

O mon fang! où porter mes larmes & ma joie?

Mon cœur ne peut fuffire à tant de mouvemens;

Je cours, & je fuis prêt d'embraffer mes enfans.

Je m'arrête, j'héfite, & ma douleur craintive

Prête à la voix du fang une oreille attentive.

Allons. Voyons Hercide au milieu de la nuit;

Qu'il foit fous cette voûte en fecret introduit

Aux pieds de cet Autel, où les pleurs de ton Maître

Ont fatigué des Dieux qui s'appaifent peut-être.

Dieux! rendez-moi mes fils, Dieux! rendez aux vertus

Deux cœurs nés généreux, qu'un traître a corrompus.

S'ils ne font point à moi, fi telle eft ma mifére,

Je les veux adopter, je veux être leur Pére.

Fin du troifiéme Acte.

E 2 ACTE

ACTE QUATRIE'ME.

SCENE I.

MAHOMET, OMAR.

OMAR.

Ui, de ce grand secret la trame est dé-
couverte ;

Ta gloire est en danger, ta tombe est
entr'ouverte.

Séide obéira ; mais avant que son cœur,

Raffermi par ta voix, eût repris sa fureur,

Séide a révélé cet horrible myftére

MAHOMET.

O Ciel!

OMAR.

Hercide l'aime : il lui tient lieu de pére.

MAHOMET.

Eh bien, que pense Hercide ?

OMAR.

OMAR.

Il paroît effrayé,
Il femble pour Zopire avoir quelque pitié.

MAHOMET.

Hercide eft faible. Ami, le faible eft bientôt traître ;
Qu'il tremble, il eft chargé du fecret de fon Maître.
Je fai comme on écarte un témoin dangereux.
Suis-je en tout obéi ?

OMAR.

J'ai fait ce que tu veux.

MAHOMET.

Préparons donc le refte. Il faut que dans une heure
On nous traîne au fuplice, ou que Zopire meure.
S'il meurt, c'en eft affez ; tout ce peuple éperdu
Adorera mon Dieu qui m'aura défendu.
Voilà le premier pas ; mais fitôt que Séide
Aura rougi fes mains de ce grand homicide,
Réponds-tu qu'au trépas Séide foit livré ?
Réponds-tu du poifon qui lui fut préparé ?

OMAR.

N'en doute point.

MA-

MAHOMET.

Il faut que nos myſtéres ſombres
Soient cachés dans la mort, & couverts de ſes ombres,
Mais tout prêt à frapper, prêt à percer le flanc
Dont Palmire a tiré la ſource de ſon ſang,
Prends ſoin de redoubler ſon heureuſe ignorance.
Epaiſſiſſons la nuit qui voile ſa naiſſance,
Pour ſon propre intérêt, pour moi, pour mon bon-
    heur.
Mon triomphe en tout tems eſt fondé ſur l'erreur.
Elle nâquit envain de ce ſang que j'abhorre.
On n'a point de parens alors qu'on les ignore.
Les cris du ſang, ſa force, & ſes impreſſions,
Des cœurs toujours trompés ſont les illuſions.
La nature à mes yeux n'eſt rien que l'habitude;
Celle de m'obéir fit ſon unique étude.
Je lui tiens lieu de tout. Qu'elle paſſe en mes bras,
Sur la cendre des ſiens qu'elle ne connoit pas.
Son cœur même en ſecret, ambitieux peut être,
Sentira quelque orgueil à captiver ſon Maître.
Mais déjà l'heure aproche où Séide en ces lieux
Doit m'immoler ſon Pére à l'aſpect de ſes Dieux.

Reti-

Retirons-nous.

O M A R.

Tu vois sa démarche égarée;
De l'ardeur d'obéir son ame est dévorée.

⸙(❀)⸙(❀)⸙(❀)⸙(❀)⸙(❀)⸙(❀)⸙

S C E N E II.

MAHOMET & OMAR *sur le devant,*
mais retirés de côté. SE'IDE *dans le fond.*

S E' I D E.

IL le faut donc remplir ce terrible devoir?

M A H O M E T.

Viens, & par d'autres coups assurons mon pouvoir.

Il sort avec Omar.

S E' I D E *seul.*

A tout ce qu'ils m'ont dit je n'ai rien à répondre.
Un mot de Mahomet suffit pour me confondre.
Mais quand il m'accabloit de cette sainte horreur,
La persuasion n'a point rempli mon cœur.
Si le Ciel a parlé, j'obéirai sans doute.
Mais quelle obéissance! ô Ciel, & qu'il en coute!

SCENE III.

SE'IDE, PALMIRE.

SE'IDE.

PAlmire, que veux-tu? quel funeste transport?
Qui t'améne en ces lieux consacrés à la mort?

PALMIRE.

Séide, la frayeur & l'amour sont mes guides;

Mes pleurs baignent tes mains saintement homici-
des.

Quel sacrifice horrible, hélas! faut-il offrir?

A Mahomet, à Dieu, tu vas donc obéir?

SE'IDE.

O de mes sentimens Souveraine adorée,

Parlez, déterminez ma fureur égarée;

Eclairez mon esprit, & conduisez mon bras;

Tenez-moi lieu d'un Dieu que je ne comprends pas.

Pourquoi m'a-t-il choisi? Ce terrible Prophéte

D'un ordre irrévocable est-il donc l'interpréte?

PALMIRE.

Tremblons d'examiner. Mahomet voit nos cœurs,

Il entend nos foupirs, il obferve mes pleurs.

Chacun redoute en lui la Divinité même;

C'eft tout ce que je fai, le doute eft un blafphême.

Et le Dieu qu'il annonce avec tant de hauteur,

Séide, eft le vrai Dieu, puisqu'il le rend vainqueur.

SE'IDE.

Il l'eft, puisque Palmire & le croit & l'adore.

Mais mon efprit confus ne conçoit point encore

Comment ce Dieu fi bon, ce Pére des humains,

Pour un meurtre effroyable a réfervé mes mains.

Je ne le fai que trop, que mon doute eft un crime,

Qu'un Prêtre fans remords égorge fa victime,

Que par la voix du Ciel Zopire eft condamné,

Qu'à foutenir ma Loi j'étois prédeftiné.

Mahomet s'expliquoit, il a falu me taire;

Et, tout fier de fervir la célefte colére,

Sur l'ennemi de Dieu je portois le trépas;

Un autre Dieu peut-être a retenu mon bras.

Du moins lorsque j'ai vu ce malheureux Zopire,

De ma Religion j'ai fenti moins l'empire.

E 5   Vai-

Vainement mon devoir au meurtre m'appelloit,

A mon cœur éperdu l'humanité parloit.

Mais avec quel courroux, avec quelle tendreſſe,

Mahomet de mes ſens accuſe la faibleſſe!

Avec quelle grandeur & quelle autorité,

Sa voix vient d'endurcir ma ſenſibilité!

Que la Religion eſt terrible & puiſſante!

J'ai ſenti la fureur en mon cœur renaiſſante;

Palmire, je ſuis faible, & du meurtre effrayé.

De ces ſaintes fureurs je paſſe à la pitié;

De ſentimens confus une foule m'aſſiége;

Je crains d'être barbare ou d'être ſacrilége.

Je ne me ſens point fait pour être un aſſaſſin.

Mais quoi! Dieu me l'ordonne, & j'ai promis ma

main.

J'en verſe encor des pleurs de douleur & de rage;

Vous me voyez, Palmire, en proye à cet orage,

Nageant dans le reflux des contrariétés,

Qui pouſſe & qui retient mes faibles volontés.

C'eſt à vous de fixer mes fureurs incertaines;

Nos cœurs ſont réunis par les plus fortes chaînes.

Mais ſans ce ſacrifice à mes mains impoſé,

Le nœud qui nous unit eſt à jamais briſé.

Ce n'eſt qu'à ce ſeul prix que j'obtiendrai Palmire.

P A L M I R E.

Je ſuis le prix du ſang du malheureux Zopire!

S E' I D E.

Le Ciel & Mahomet ainſi l'ont arrêté.

P A L M I R E.

L'amour eſt - il donc fait pour tant de cruauté?

S E' I D E.

Ce n'eſt qu'au meurtrier que Mahomet te donne.

P A L M I R E.

Quelle effroyable dot!

S E' I D E.

    Mais ſi le Ciel l'ordonne.

Si je ſers & l'Amour & la Religion.

P A L M I R E.

Hélas!

S E' I D E.

  Vous connoiſſez la malédiction

Qui punit à jamais la deſobéiſſance.

           P A L-

PALMIRE.

Si Dieu même en tes mains a remis fa vangeance,
S'il exige le fang que ta bouche a promis.

SE'IDE.

Eh bien, pour être à toi que faut-il?

PALMIRE.

Je frémis.

SE'IDE.

Je t'entends, fon arrêt eft parti de ta bouche.

PALMIRE.

Qui moi?

SE'IDE.

Tu l'as voulu.

PALMIRE.

Dieux, quel arrêt farouche!

Que t'ai-je dit?

SE'IDE.

Le Ciel vient d'emprunter ta voîx;
C'eft fon dernier oracle, & j'accomplis fes loix.
Voici l'heure où Zopire à cet Autel funefte
Doit prier en fecret des Dieux que je détefte.

Pal-

Palmire, éloigne-toi.

PALMIRE.

Je ne puis te quitter.

SE'IDE.

Ne voi point l'attentat qui va s'exécuter;
Ces momens font affreux. Va, fui, cette retraite
Eft voifine des lieux qu'habite le Prophéte.
Va, dis-je.

PALMIRE.

Ce Vieillard va donc être immolé!

SE'IDE.

De ce grand facrifice ainfi l'ordre eft réglé.
Il le faut de ma main traîner fur la poufliére,
De trois coups dans le fein lui ravir la lumiére,
Renverfer dans fon fang cet Autel difperfé.

PALMIRE.

Lui mourir par tes mains! tout mon fang s'eft glacé.
Le voici. Jufte Ciel. . . . . .

Le fond du Théatre s'ouvre. On voit un Autel.

SCE.

SCENE IV.

SE'IDE, PALMIRE *fur le devant.*

ZOPIRE *près de l'Autel.*

O Dieux de ma Patrie,

Dieux prêts à fuccomber fous une Secte impie,

C'eft pour vous-même ici que ma débile voix,

Vous implore aujourd'hui pour la derniére fois!

La Guerre va renaître, & fes mains meurtriéres

De cette faible Paix vont brifer les barriéres.

Dieux! fi d'un Scélérat vous refpectez le fort.

SE'IDE *à Palmire.*

Tu l'entends qui blafphême?

ZOPIRE.

Accordez-moi la mort.

Mais rendez-moi mes fils à mon heure derniére,

Que j'expire en leurs bras, qu'ils ferment ma pau-
piére.

Hélas! fi j'en croyois mes fecrets fentimens,

Vos mains en ces lieux ont conduit mes enfans.

PAL-

PALMIRE *à Séide.*

Que dit - il ? Ses enfans !

ZOPIRE.

O mes Dieux que j'adore !

Je mourrois du plaifir de les revoir encore.

Arbitres des deftins, daignez veiller fur eux ;

Qu'ils penfent comme moi, mais qu'ils foient plus

heureux !

SE'IDE.

Il court à fes faux Dieux ! frappons.

Il tire fon poignard.

PALMIRE.

Que vas - tu faire ?

Hélas !

SE'IDE.

Servir le Ciel, te mériter, te plaire.

Ce glaive à notre Dieu vient d'être confacré.

Que l'ennemi de Dieu foit par lui maffacré !

Marchons. Ne vois-tu pas dans ces demeures fombres

Ces traits de fang, ce Spectre, & ces errantes Ombres ?

PAL=

PALMIRE.

Que dis - tu!

SE'IDE.

Je vous fuis, Miniftres du trépas,
Vous me montrez l'Autel, vous conduifez mon bras,
Allons.

PALMIRE.

Non, trop d'horreur entre nous deux s'affemble.
Demeure.

SE'IDE.

Il n'eft plus tems, avançous; l'Autel tremble,

PALMIRE.

Le Ciel fe manifefte, il n'en faut pas douter,

SE'IDE.

Me pouffe - t - il au meurtre, ou veut - il m'arrêter ?
Du Prophéte de Dieu la voix fe fait entendre.
Il me reproche un cœur trop flexible & trop tendre,
Palmire !

PALMIRE.

Eh bien.

SE'I-

SÉIDE.

Au Ciel adreſſez tous vos vœux.

Je vais frapper.

Il ſort & va derriére l'Autel où eſt Zopire.

PALMIRE *ſeule.*

Je me meurs.   O moment douloureux!
Quelle effroyable voix dans mon ame s'éléve?
D'où vient que tout mon ſang malgré moi ſe ſou-
léve?
Si le Ciel veut un meurtre, eſt-ce à moi d'en juger?
Eſt-ce à moi de m'en plaindre & de l'interroger?
J'obéis. D'où vient donc que le remords m'accable?
Ah! quel cœur ſait jamais s'il eſt juſte ou coupable?
Je me trompe, ou les coups ſont portés cette fois;
J'entends les cris plaintifs d'une mourante voix.
Séide . . . . hélas. . . . .

SÉIDE *revient d'un air égaré.*

Où fuis-je, & quelle voix m'appelle?
Je ne vois point Palmire, un Dieu m'a privé d'elle.

PALMIRE.

Ah quoi! méconnois-tu celle qui vit pour toi?

F   SÉI-

SE'IDE.

Où fommes-nous!

PALMIRE.

Eh bien, cette effroyable loi,
Cette trifte promeffe eft-elle enfin remplie?

SE'IDE.

Que me dis-tu!

PALMIRE.

Zopire a-t-il perdu la vie?

SE'IDE.

Qui Zopire?

PALMIRE.

Ah grand Dieu! Dieu de fang altéré,
Ne perfécutez point fon efprit égaré.
Fuyons d'ici.

SE'IDE.

Je fens que mes genoux s'affaiffent.

Il s'affied.

Ah! je revois le jour, & mes forces renaiffent.
Quoi! c'eft vous?

PALMIRE.

Qu'as-tu fait?

SÉIDE.

Il se relève.

Moi! je viens d'obéir....

D'un bras defefpéré je viens de le faifir.

Par fes cheveux blanchis j'ai traîné ma victime.

O Ciel! tu l'as voulu, peux-tu vouloir un crime?

Tremblant, faifi d'effroi, j'ai plongé dans fon flanc

Ce glaive confacré qui dut verfer fon fang.

J'ai voulu redoubler; ce Vieillard vénérable

A jetté dans mes bras un cri fi lamentable,

La nature a tracé dans fes regards mourans

Un fi grand caractére, & des traits fi touchans!

De tendreffe & d'effroi mon ame s'eft remplie;

Et plus mourant que lui je détefte ma vie.

PALMIRE.

Fuyons vers Mahomet qui doit nous protéger;

Près de ce corps fanglant vous êtes en danger.

Suivez-moi.

SÉIDE.

Je ne puis. Je me meurs. Ah! Palmire.

F 2   PAL-

PALMIRE.

Quel trouble épouvantable à mes yeux le déchire?

SE'IDE *en pleurant.*

Ah! fi tu l'avois vu, le poignard dans le fein,
S'attendrir à l'afpeſt de fon lâche affaffin!
Je fuyois. Croirois-tu que fa voix affaiblie,
Pour m'appeller encor, a ranimé fa vie?
Il retiroit ce fer de fes flancs malheureux.
Hélas! il m'obfervoit d'un regard douloureux.
Cher Séide, a-t-il dit, infortuné Séide!
Cette voix, ces regards, ce poignard homicide,
Ce Vieillard attendri, tout fanglant à mes pieds,
Pourfuivent devant toi mes regards effrayés.
Qu'avons-nous fait!

PALMIRE.

On vient, je tremble pour ta vie.
Fuis au nom de l'amour & du nœud qui nous lie.

SE'IDE.

Va, laiffe-moi; pourquoi cet amour malheureux
M'a-t-il pu commander ce facrifice affreux?
Non, cruelle, fans toi, fans ton ordre fuprême,

Je

Je n'aurois pu jamais obéir au Ciel même!

P A L M I R E.

De quel reproche horrible oſes-tu m'accabler?

Hélas! plus que le tien mon cœur ſe ſent troubler.

Cher Amant, prends pitié de Palmire éperdue.

S E' I D E.

Palmire! quel objet vient effrayer ma vue?

> *Zopire paroît appuyé ſur l'Autel, après*
> *s'être relevé derriére cet Autel où il a*
> *reçu le coup.*

P A L M I R E.

C'eſt cet infortuné lutant contre la mort,

Qui vers nous tout ſanglant ſe traîne avec effort.

S E' I D E.

Eh quoi! tu vas à lui?

P A L M I E.

De remords dévorée,

Je céde à la pitié dont je ſuis déchirée.

Je n'y puis réſiſter; elle entraîne mes ſens.

ZOPIRE *avançant & ſoutenu par elle.*

Hélas! ſervez de guide à mes pas languiſſans.

Il s'aſſied.

Séide, ingrat! c'eſt toi qui m'arraches la vie!
Tu pleures! ta pitié ſuccéde à ta furie!

SCENE V.

ZOPIRE, SE'IDE, PALMIRE, PHANOR.

PHANOR.

Ciel! quels affreux objets ſe préſentent à moi!

ZOPIRE.

Si je voyois Hercide!.... ah! Phanor, eſt-ce toi?
Voilà mon aſſaſſin.

PHANOR.

O crime! affreux myſtére!
Aſſaſſin malheureux, connoiſſez votre Pére.

SE'IDE.

Qui?

PALMIRE.

Lui?

SE'I-

S E' I D E.

Mon Pére!

Z O P I R E.

O Ciel!

P H A N O R.

Hercide eſt expirant,

Il me voit, il m'appelle, il s'écrie en mourant:
S'il en eſt encor tems, préviens un parricide:
Cours arracher ce fer à la main de Séide.
Malheureux confident d'un horrible ſecret,
Je ſuis puni, je meurs des mains de Mahomet.
Cours, hâte-toi d'aprendre au malheureux Zopire,
Que Séide eſt ſon fils & frére de Palmire.

S E' I D E.

Vous!

P A L M I R E.

Mon frére?

Z O P I R E.

O mes fils! ô nature! ô mes Dieux!
Vous ne me trompiez pas quand vous parliez pour
eux.

Vous

Vous m'éclairiez fans doute. Ah ! malheureux Séide,
Qui t'a pu commander cet affreux homicide ?

SE'IDE *fe jettant à genoux.*

L'amour de mon devoir & de ma Nation,
Et ma reconnoiffance & ma Religion;
Tout ce que les humains ont de plus refpectable
M'infpira des forfaits le plus abominable.
Rendez, rendez ce fer à ma barbare main.

PALMIRE *à genoux arrétant le bras de Séide.*

Ah ! mon Pére, ah ! Seigneur, plongez-le dans mon
　　fein.
J'ai feule à ce grand crime encouragé Séide;
L'incefte étoit pour nous le prix du parricide.

SE'IDE.

Le Ciel n'a point pour nous d'affez grands châtimens.
Frappez vos affaffins.

ZOPIRE *en les embraffant.*

　　　　J'embraffe mes enfans.
Le Ciel voulut mêler dans les maux qu'il m'envoie
Le comble des horreurs au comble de la joie.
Je bénis mon deftin, je meurs; mais vous vivez.

O

O vous, qu'en expirant mon cœur a retrouvés,

Séide, & vous Palmire, au nom de la Nature,

Par ce refte de fang qui fort de ma bleffure,

Par ce fang paternel, par vous, par mon trépas,

Vangez-vous, vangez moi; mais ne vous perdez pas.

L'heure aproche, mon fils, où la Tréve rompue

Laiffoit à mes deffeins une libre étendue;

Les Dieux de tant de maux ont pris quelque pitié,

Le crime de tes mains n'eft commis qu'à moitié.

Le Peuple avec le jour en ces lieux va paraître;

Mon fang va les conduire; ils vont punir un traître.

Attendons ces momens.

S E' I D E.

Ah! je cours de ce pas

Vous immoler ce Monftre, & hâter mon trépas;

Me punir, vous vanger.

SCENE VI.

ZOPIRE, SE'IDE, PALMIRE, OMAR, Suite.

OMAR.

QU'on arrête Séide.
Secourez tous Zopire, enchaînez l'homicide.
Mahomet n'eſt venu que pour vanger les Loix.

ZOPIRE.

Ciel, quel comble du crime! & qu'eſt-ce que je vois?

SE'IDE.

Mahomet me punir?

PALMIRE.

Eh quoi! Tyran farouche,
Après ce meurtre horrible ordonné par ta bouche!

OMAR.

On n'a rien ordonné

SE'IDE.

Va; j'ai bien mérité

Cet

Cet exécrable prix de ma crédulité!

OMAR.

Soldats, obéiffez.

PALMIRE

Non. Arrêtez. Perfide!

OMAR.

Madame, obéiffez, fi vous aimez Séide.

Mahomet vous protége, & fon jufte courroux,

Prêt à tout foudroyer, peut s'arrêter par vous.

Auprès de votre Roi, Madame, il faut me fuivre.

PALMIRE.

Grands Dieux, de tant d'horreurs que la mort me

    délivre!

On emméne Palmire & Séide.

ZOPIRE *à Phanor.*

On les enléve! O Ciel! ô Pére malheureux!

Le coup qui m'aflaffine eft cent fois moins affreux.

PHANOR.

Déjà le jour renaît, tout le Peuple s'avance;

On s'arme, on vient à vous, on prend votre défenfe.

ZO-

ZOPIRE.

Soutien mes pas, allons; j'efpére encor punir
L'hypocrite affaffin qui m'ofe fecourir;
Ou du moins, en mourant, fauver de fa furie
Ces deux enfans que j'aime, & qui m'ôtent la vie.

Fin du quatriéme Acte.

ACTE CINQUIE'ME.

SCENE I.

MAHOMET, OMAR, Suite dans le fond.

OMAR.

Zopire eſt expirant, & ce Peuple éperdu
Le voit déjà ſon front dans la poudre abatu.

Tes Prophétes & moi, que ton Eſprit inſpire,

Nous déſavouons tous le meurtre de Zopire.

Ici, nous l'annonçons à ce Peuple en fureur

Comme un coup du Très-Haut qui s'arme en ta
  faveur.

Là, nous en gémiſſons ; nous promettons vangeance ;

Nous vantons ta juſtice, ainſi que ta clémence.

Par-tout on nous écoute, on fléchit à ton nom ;

Et ce reſte importun de la ſédition,

N'eſt qu'un bruit paſſager des flots après l'orage,

Dont

Dont le courroux mourant frappe encor le rivage,

Quand la férénité régne aux Plaines du Ciel.

MAHOMET.

Impofons à ces flots un filence éternel.

As-tu fait des remparts aprocher mon Armée ?

OMAR.

Elle a marché la nuit vers la Ville allarmée :

Ofman la conduifoit par de fecrets chemins.

MAHOMET.

Fait-il toujours combattre, & tromper les humains !

Séide ne fait point qu'aveugle en fa furie,

Il vient d'ouvrir le flanc dont il reçut la vie.

OMAR.

Qui pourroit l'en inftruire ? un éternel oubli

Tient avec ce fecret Hercide enféveli.

Séide va le fuivre, & fon trépas commence ;

J'ai détruit l'inftrument qu'employa ta vangeance.

Tu fais que dans fon fang fes mains ont fait couler

Le poifon qu'en fa coupe on avoit fu mêler.

Le châtiment fur lui tomboit avant le crime ;

Et tandis qu'à l'Autel il traînoit fa victime,

Tandis qu'au fein d'un Pére il enfonçoit fon bras,

Dans

Dans fes veines lui-même il portoit fon trépas.

Il eft dans la prifon, & bientôt il expire;

Cependant en ces lieux j'ai fait garder Palmire.

Palmire à tes deffeins va même encor fervir;

Croyant fauver Séide, elle va t'obéir.

Je lui fais efpérer la grace de Séide,

Le filence eft encor fur fa bouche timide.

Son cœur toujours docile, & fait pour t'adorer,

En fecret feulement n'ofera murmurer.

Légiflateur, Prophéte, & Roi dans ta Patrie,

Palmire achévera le bonheur de ta vie.

Tremblante, inanimée, on l'améne à tes yeux.

MAHOMET.

Va raffembler mes Chefs, & revole en ces lieux.

SCENE II.

MAHOMET, PALMIRE, Suite
de Palmire & de Mahomet.

PALMIRE.

Ciel, où fuis-je! Ah grands Dieux!

MAHOMET.

Soyez moins confternée,

J'ai

J'ai du Peuple & de vous pefé la deftinée.

Le grand événement qui vous remplit d'effroi,

Palmire, eft un myftére entre le Ciel & moi.

De vos indignes fers à jamais dégagée,

Vous êtes en ces lieux, libre, heureufe & vangée.

Ne pleurez point Séide; & laiffez à mes mains

Le foin de balancer les deftins des humains.

Ne fongez plus qu'au vôtre. Et fi vous m'êtes chére,

Si Mahomet fur vous jetta des yeux de Pére,

Sachez qu'un fort plus noble, un titre encor plus

     grand,

Si vous le méritez, peut-être vous attend.

Portez vos vœux hardis au faîte de la gloire,

De Séide & du refte étouffez la mémoire;

Vos premiers fentimens doivent tous s'effacer

A l'afpeêt des grandeurs où vous n'ofiez penfer.

Il faut que vôtre cœur à mes bontés réponde,

Et fuive en tout mes Loix, lorsque j'en donne au

     Monde.

PALMIRE.

Qu'entends-je? quelles Loix, ô Ciel, & quels bien-
    faits!

Impofteur teint de fang, que j'abjure à jamais,
Bourreau de tous les miens, va; ce dernier outrage
Manquoit à ma mifére, & manquoit à ta rage.
Le voilà donc, grands Dieux! ce Prophéte facré,
Ce Roi que je fervis, ce Dieu que j'adorai;
Monftre, dont les fureurs & les complots perfides
De deux cœurs innocens ont fait deux parricides,
De ma faible jeuneffe infame Séducteur,
Tout fouillé de mon fang tu prétends à mon cœur!
Mais tu n'as pas encor affuré ta conquête;
Le voile eft déchiré, la vangeance s'aprête.
Entends-tu ces clameurs? entends-tu ces éclats?
Mon Pére te pourfuit des ombres du trépas.
Le Peuple fe fouléve, on s'arme en ma défenfe,
Leurs bras vont à ta rage arracher l'innocence.
Puiffai-je de mes mains te déchirer le flanc,
Voir mourir tous les tiens, & nager dans leur fang!
Puiffent la Méque enfemble, & Médine, & l'Afie,
Punir tant de fureurs & tant d'hypocrifie,
Que le monde par toi féduit & ravagé
Rougiffe de fes fers, les brife & foit vangé!
Que ta Religion, que fonda l'Impofture,

Soit

Soit l'éternel mépris de la Race future!

Que l'Enfer, dont les cris menaçoient tant de fois

Quiconque ofoit douter de tes indignes Loix;

Que l'Enfer, que ces lieux de douleur & de rage,

Pour toi feul préparés, foient ton jufte partage!

Voilà les fentimens qu'on doit à tes bienfaits,

L'hommage, les fermens, & les vœux que je fais.

MAHOMET.

Je pardonne à votre âge cet excès d'imprudence.

Je vois qu'on m'a trahi; mais quoiqu'il en puiffe être,

Et qui que vous foyez, fléchiffez fous un Maître.

Aprenez que mon cœur . . .

SCENE III.

MAHOMET, PALMIRE, OMAR, ALI, Suite.

OMAR.

ON fait tout, Mahomet,

Hercide en expirant révéla ton fecret.

Le Peuple en eft inftruit, la prifon eft forcée,

Tous

Tout s'arme, tout s'émeut, une foule infensée,

Elevant contre toi fes hurlemens affreux,

Porte le corps fanglant de fon Chef malheureux.

Séide eft à leur tête, & d'une voix funefte

Les excite à vanger ce déplorable refte.

Ce corps fouillé de fang eft l'horrible fignal

Qui fait courir le Peuple à ce combat fatal.

Il s'écrie en pleurant, je fuis un parricide,

La douleur le ranime, & la rage le guide.

Il femble refpirer pour fe vanger de toi;

On détefte ton Dieu, tes Prophétes, ta Loi.

Ceux même qui devroient dans la Méque allarmée

Faire ouvrir cette nuit la Porte à ton Armée,

De la fureur commune avec zéle enivrés,

Viennent lever fur toi leurs bras défefpérés.

On n'entend que les cris de mort & de vangeance.

P A L M I R E.

Achéve, jufte Ciel, & foutien l'innocence!
Frappe.

M A H O M E T à *Omar.*

Eh bien, que crains-tu?

OMAR.

Tu vois quelques Amis,
Qui contre les dangers comme moi rafermis,
Mais vainement armés contre un pareil orage,
Viennent tous à tes pieds mourir avec courage.

MAHOMET.

Seul je les défendrai. Rangez-vous près de moi;
Et connoiffez enfin qui vous avez pour Roi.

SCENE IV.

MAHOMET, OMAR, *fa Suite d'un côté,*
SE'IDE & le Peuple de l'autre;
SE'IDE au milieu.

SE'IDE *un poignard à la main, mais déjà*
affaibli par le poifon.

PEuples, vangez mon Pére, & courez à ce
Traître.

MAHOMET.

Peuples, nés pour me fuivre, écoutez votre Maître.

SE'I-

S E' I D E.

N'écoutez point ce Monftre, & fuivez-moi . . . . .

grands Dieux!

Quel nuage épaiffi fe répand fur mes yeux!

Il avance, il chancelle.

Frappons.... Ciel! je me meurs.

M A H O M E T.

Je triomphe.

P A L M I R E *courant à lui.*

Ah! mon frére,

N'auras-tu pu verfer que le fang de ton Pére?

S E' I D E.

Avançons. Je ne puis. . . . . Quel Dieu vient m'accabler?

Il tombe entre les bras des fiens.

M A H O M E T.

Ainfi tout téméraire à mes yeux doit trembler.

Incrédules Efprits, qu'un zéle aveugle infpire,

Qui m'ofez blafphémer, & qui vangez Zopire,

Ce feul bras que la Terre aprit à redouter,

Ce bras peut vous punir d'avoir ofé douter.

G 3 Dieu,

Dieu, qui m'a confié fa parole & fa foudre,

Si je me veux vanger, va vous réduire en poudre.

Malheureux, connoiffez fon Prophéte & fa Loi;

Et que ce Dieu foit Juge entre Séide & moi.

De nous deux à l'inftant que le coupable expire!

PALMIRE.

Mon frére! eh quoi! fur eux ce Monftre a tant
　　d'empire!

Ils demeurent glacés, ils tremblent à fa voix,

Mahomet, comme un Dieu, leur dicte encor fes
　　Loix!

Et toi, Séide, auffi!

SE'IDE *entre les bras des fiens.*

　　　　　　　Le Ciel punit ton frére.

Mon crime étoit horrible autant qu'involontaire.

Envain la vertu même habitoit dans mon cœur.

Toi, tremble, Scélérat, fi Dieu punit l'erreur.

Voi quel foudre il prépare aux artifans des crimes;

Tremble, fon bras s'effaye à frapper fes victimes.

Détournez d'elle, ô Dieu, cette mort qui me fuit!

PALMIRE.

Non, Peuple, ce n'eft point un Dieu qui le pourfuit.
　　　　　　　　　　　　　　　　　　Non.

Non. Le poison sans-doute.

MAHOMET *en l'interrompant, & s'adressant*
au Peuple.

Aprenez, Infidelles,

A former contre moi des trames criminelles ;

Aux vangeances des Cieux reconnoissez mes droits.

La Nature & la Mort ont entendu ma voix.

La Mort, qui m'obéit, qui, prenant ma défense,

Sur ce front pâlissant a tracé ma vangeance,

La mort est à vos yeux, prête à fondre sur vous.

Ainsi mes Ennemis sentiront mon courroux ;

Ainsi je punirai les erreurs insensées,

Les révoltes du cœur, & les moindres pensées.

Si ce jour luit pour vous, ingrats, si vous vivez,

Rendez grace au Pontife, à qui vous le devez.

Fuyez, courez au Temple appaiser ma colére.

Le Peuple se retire.

PALMIRE *revenant à elle.*

Arrêtez. Le barbare empoisonna mon frére.

Monstre, ainsi son trépas t'aura justifié !

A force de forfaits tu t'es déifié !

Malheureux Assassin de ma Famille entiére,

Ôtes-moi de tes mains ce reste de lumiére!

O frére! ô triste objet d'un amour plein d'horreurs!

Que je te fuivre au moins.

Elle fe jette fur le poignard de fon frére.

MAHOMET.

Qu'on l'arrête.

PALMIRE.

Je me meurs.

Je ceffe de te voir, impofteur exécrable.

Je me flate en mourant qu'un Dieu plus équitable

Réferve un avenir pour les cœurs innocens.

Tu dois régner; le Monde eft fait pour les Tyrans.

MAHOMET.

Elle m'eft enlevée..... Ah! trop chére victime,

Je me vois arracher le feul prix de mon crime.

De fes jours pleins d'appas déteftable ennemi,

Vainqueur & tout-puiffant, c'eft moi qui fuis puni.

Il eft donc des remords! ô fureur! ô Juftice!

Mes forfaits dans mon cœur ont donc mis mon
fuplice!

Dieu, que j'ai fait fervir au malheur des humains,

Adorable inftrument de mes affreux deffeins,

Toi,

Toi, que j'ai blasphémé, mais que je crains encore,

Je me sens condamné quand l'Univers m'adore.

Je brave envain les traits dont je me sens frapper;

J'ai trompé les mortels, & ne puis me tromper.

Pére, enfans malheureux, immolés à ma rage,

Vangez la Terre & vous, & ce Ciel que j'outrage.

Arrachez-moi ce jour, & ce perfide cœur,

Ce cœur né pour haïr, qui brule avec fureur.

Et toi, de tant de honte étouffe la mémoire;

Cache au moins ma faiblesse, & sauve encor ma
     gloire.

Je dois régir en Dieu l'Univers prévenu:

Mon Empire est détruit si l'homme est reconnu.

Fin du cinquiéme & dernier Acte.

LETTRE

DE

L'AUTEUR

A

M^R. DE S ****.

JE vous remercie, Monsieur, de la figure que vous avez bien voulu m'envoyer de la Machine dont vous vous servez pour fixer l'image du Soleil. J'en ferai faire une sur votre dessein, & je serai délivré d'un grand embarras ; car moi qui suis fort maladroit, j'ai toutes les peines du monde dans ma Chambre obscure avec mes Miroirs. A mesure que le Soleil avance, les couleurs s'en vont, & ressemblent aux affaires de ce Monde, qui ne sont pas un moment de suite dans la même situation. J'appelle votre Machine un *Sta Sol.* Depuis Josué, personne avant vous n'avoit arrêté le Soleil.

J'ai reçu dans le même paquet l'Ouvrage que je vous avois demandé, dans lequel mon Adversaire,

verſaire, & celui de tous les Philoſophes, em-
ploye environ trois cens pages au ſujet de quelques Penſées de *Paſcal* que j'avois examinées
dans moins d'une feuille.

Je ſuis toujours pour ce que j'ai dit. Le dé-
faut de la plupart des Livres eſt d'être trop
longs. Si on avoit la raiſon pour ſoi, on ſeroit
court; mais peu de raiſon & beaucoup d'injures ont fait les trois cens pages.

J'ai toujours cru que *Paſcal* n'avoit jetté ſes
idées ſur le papier, que pour les revoir & en re-
jetter une partie. Le Critique n'en veut rien
croire. Il ſoutient que *Paſcal* aimoit toutes ſes
idées, & qu'il n'en eût retranché aucune: mais
s'il ſavoit que les Editeurs eux-mêmes en ſuppri-
mérent la moitié, il ſeroit bien ſurpris.

Il n'a qu'à voir celles que le Pére des Mollefts
a recouvrées depuis quelques années, écrites de
la main de *Paſcal* même; il ſera bien plus ſurpris encore. Elles ſont imprimées dans le *Re-
cueil de Littérature*. En voici quelques-unes.

*Selon les lumiéres naturelles, s'il y a un Dieu, il
n'a ni parties ni bornes, il n'a aucun rapport à nous.
Nous ſommes donc incapables de connoître, ni ce qu'il,
eſt, ni s'il eſt.* Croyez-vous en bonne foi, Mon-
ſieur, que *Paſcal* eût conſervé ce *s'il eſt*? Apparemment que le Pére Hardouin avoit eu cette
penſée, quand il mit *Paſcal* dans ſa ridicule liſte
des Athées modernes.

*Je ne me ſentirois pas aſſez de force pour trouver
dans la Nature de quoi convaincre des Athées.*
Mais Clarck, Locke, Wolf, & tant d'autres
ont

ont eu cette force ; & affurément *Pafcal* l'auroit due.

Toutes les fois qu'une Propofition eft inconcevable, il ne faut pas la nier, mais examiner le contraire ; & s'il eft manifeftement faux, on peut affirmer le contraire, tout incompréhenfible qu'il eft.

Pafcal avoit oublié fa Géométrie, quand il faifoit cet étrange raifonnement. Deux quarrés font un cube, deux cubes font un quarré : voilà deux propofitions contraires, toutes deux également abfurdes, &c.

Je veux vous faire voir une chofe infinie & indivifible ; c'eft un point fe mouvant par-tout d'une viteffe infinie ; car il eft en tous lieux & tout entier.

Voilà qui eft encore bien antimathématique. Il y a autant de fautes que de mots. Affurément de telles idées n'étoient pas faites pour être employées. Mon Critique changera un peu d'avis, s'il va à votre école. Il verra qu'il s'en faut bien qu'on doive croire aveuglément tout ce que *Pafcal* a dit.

Il croyoit toujours pendant la derniére année de fa vie voir un abîme à côté de fa chaife. Faudroit-il pour cela que nous en imaginaffions autant ? Pour moi, je vois auffi un abîme, mais c'eft dans les chofes qu'il a cru expliquer.

Vous trouverez dans les Mêlanges de Leibnitz, que la mélancolie égara fur la fin la raifon de *Pafcal* ; il le dit même un peu durement. Il n'eft pas étonnant, après tout, qu'un homme d'un tempérament délicat, d'une imagination trifte, comme *Pafcal*, foit, à force de mauvais régime,

par-

parvenu à déranger les organes de son cerveau. Cette maladie n'eſt ni plus ſurprenante, ni plus humiliante, que la fiévre & la migraine. Si le grand *Paſcal* en a été attaqué, c'eſt *Samſon* qui perd ſa force.

Je ne ſai de quelle maladie étoit affligé le Docteur qui argumente ſi amérement contre moi; mais il prend le change en tout, & principalement ſur l'état de la queſtion.

Le fond de mes petites Remarques ſur les *Penſées de Paſcal*, c'eſt qu'il faut croire ſans-doute au Péché originel, puiſque la Foi l'ordonne; & qu'il faut y croire d'autant plus, que la Raiſon eſt abſolument impuiſſante à nous montrer que la Nature Humaine eſt déchue. La Révélation ſeule peut nous l'aprendre. *Platon* s'y étoit jadis caſſé le nez. Comment pouvoit-il ſavoir que les hommes avoient été autrefois plus beaux, plus grands, plus forts, plus heureux: qu'ils avoient eu de belles ailes, & qu'ils avoient fait des enfans ſans femmes?

Tous ceux qui ſe ſont ſervis de la Phyſique pour prouver la décadence de ce petit Globe de notre Monde, n'ont pas eu meilleure fortune que Platon. Voyez-vous ces vilaines Montagnes, *diſoient-ils*, ces Mers qui entrent dans les terres, ces Lacs ſans iſſue? Ce ſont des débris d'un Globe maudit. Mais quand on y a regardé de plus près, on a vu que ces Montagnes étoient néceſſaires pour nous donner des Rivières & des Mines, & que ce ſont les perfections d'un Monde béni.

De-

De-même mon Cenſeur aſſure que notre vie eſt fort racourcie en comparaiſon de celle des Corbeaux & des Cerfs; il a entendu dire à ſa Nourrice que les Cerfs vivent trois cens ans, & les Corbeaux neuf cens. La Nourrice d'Héſiode lui avoit fait auſſi apparemment le même conte. Mais mon Docteur n'a qu'à interroger quelque Chaſſeur, il ſaura que les Cerfs ne vont jamais à vingt ans. Il a beau faire, l'Homme eſt de tous les Animaux celui à qui Dieu accorde la plus longue vie; & quand mon Critique me montrera un Corbeau qui aura cent deux ans, comme Mr. de *St. Aulaire* & Madame de *Chanclos*, il me fera plaiſir.

C'eſt une étrange rage que celle de quelques Meſſieurs, qui veulent abſolument que nous ſoyons miſérables. Je n'aime point un Charlatan qui veut me faire accroire que je ſuis malade, pour me vendre ſes pillules. Garde ta drogue, mon ami, & laiſſe-moi ma ſanté. Mais pourquoi me dis-tu des injures? parce que je me porte bien, & que je ne veux point de ton orviétan.

Cet homme m'en dit de très groſſiéres, ſelon la louable coutume des gens pour qui les rieurs ne ſont pas. Il a été déterrer dans je ne ſai quel Journal, je ne ſai quelles Lettres ſur la nature de l'Ame, que je n'ai jamais écrites, & qu'un Libraire a toujours miſes ſous mon nom à bon compte, auſſi-bien que beaucoup d'autres choſes que je ne lis point.

Mais puiſque cet homme les lit, il devoit

voir

voir qu'il eſt évident que ces Lettres ſur la nature de l'Ame ne ſont point de moi, & qu'il y a des pages entiérès copiées mot à mot de ce que j'ai écrit autrefois ſur Locke. Il eſt clair qu'elles ſont de quelqu'un qui m'a volé ; mais je ne vole point ainſi, quelque pauvre que je puiſſe être.

Mon Docteur ſe tue à prouver que l'Ame eſt ſpirituelle. Je veux croire que la ſienne l'eſt, mais en vérité ſes raiſonnemens le ſont fort peu.

Il veut donner des ſouflets à Locke ſur ma joue, parce que Locke a dit que Dieu étoit aſſez puiſſant pour faire penſer un élément de la Matiére. Plus je relis ce Locke, & plus je voudrois que tous ces Meſſieurs l'étudiaſſent. Il me ſemble qu'il a fait comme Auguſte, qui donna un Edit *de coërcendo intra fines Imperio*. Locke a reſſerré l'Empire de la Science pour l'affermir. Qu'eſt-ce que l'Ame ? Je n'en ſai rien. Qu'eſt-ce que la Matiére ? Je n'en ſai rien. Voilà Joſeph Leibnitz, qui a découvert que la Matiére eſt un aſſemblage de Monades. Soit. Je ne le comprends pas, ni lui non plus. Eh bien, mon Ame ſera une Monade ; ne me voilà-t-il pas bien inſtruit ? Je vais vous prouver que vous êtes immortel, me dit mon Docteur. Mais vraiment il me fera plaiſir ; j'ai tout auſſi grande envie que lui d'être immortel, je n'ai fait la HENRIADE que pour cela. Mais mon homme ſe croit bien plus ſûr de l'immortalité par ſes Argumens, que moi par ma *Henriade* :

Vani-

Vanitas vanitatum, & Metaphyfica vanitas!

Nous fommes faits pour compter, mefurer, pefer; voilà ce qu'a fait *Newton*, voilà ce que vous faites avec *Monfieur Mufchembroek*. Mais pour les premiers Principes des chofes, nous n'en favons pas plus qu'*Epiftémon* & Maître *Editue*.

Les Philofophes qui font des Syftémes fur la fecrette conftruction de l'Univers, font comme nos Voyageurs qui vont à *Conftantinople*, & qui parlent du Serrail: ils n'en ont vu que les dehors, & ils prétendent favoir ce que fait le Sultan avec fes Favorites. Adieu, Monfieur, fi quelqu'un voit un peu, c'eft vous; mais je tiens mon Cenfeur aveugle. J'ai l'honneur de l'être auffi; mais je fuis un *Quinze-vingt* de Paris, & lui un Aveugle de Province. Je ne fuis pas affez aveugle pourtant pour ne pas voir tout votre mérite, & vous favez combien mon cœur eft fenfible à votre amitié. Je fuis, &c.

A Ciray le 1. de Juin 1741.

FIN.

www.ingramcontent.com/pod-product-compliance
Lightning Source LLC
Chambersburg PA
CBHW051728090426
42738CB00010B/2144